DU CRIME

DE

PIRATERIE

ÉTUDE

SUR LA LOI DU 10 AVRIL 1825

PAR

Amédée SAINTE-CLAIRE DEVILLE

Aide-Commissaire de la Marine.

VERSAILLES

IMPRIMERIE DE E. AUBERT

6, Avenue de Sceaux, 6

1876

DU CRIME

DE

PIRATERIE

ÉTUDE

SUR LA LOI DU 10 AVRIL 1825

PAR

AMÉDÉE SAINTE-CLAIRE DEVILLE

Aide-Commissaire de la Marine.

VERSAILLES

IMPRIMERIE DE E. AUBERT

6, Avenue de Sceaux, 6

—

1876

La mer est le domaine commun de toutes les nations
du globe; cependant, l'immensité des richesses qu'elle
renferme, les rapports qu'elle établit entre les différents
peuples ont dû faire réglementer l'usage que l'on en fait.
Par sa nature, la mer n'appartient à personne ; ce prin-·
cipe, après avoir été longtemps combattu, en ce qui concerne les mers intérieures, est universellement admis
aujourd'hui ; la mer est *res nullius*, elle n'est fermée à
aucune nation, chacun peut s'en servir pour nouer des
relations plus ou moins étendues. Est-ce à dire que chacun
est libre? non, et comme nous le disions plus haut, le
fréquent usage de la mer l'a soumise à des lois adoptées
par tous les peuples civilisés. Nous n'avons pas l'intention
d'examiner cette vaste législation, nous voulons simple-
ment étudier ce qui a rapport à un crime maritime, crime
qui est en quelque sorte international, le crime de *piraterie*.

La piraterie a existé de tout temps. En Grèce, les pirates étaient la terreur des navires marchands ; quand les États d'origine ionienne, c'est-à-dire ceux qui se livraient principalement au commerce maritime, virent le développement que prenait la marine athénienne, ils acceptèrent avec empressement l'hégémonie de la cité de Minerve ; de son côté, la ville dorienne de Corinthe, qui, par sa situation et ses colonies, était devenue la deuxième puissance maritime de la Grèce, faisait la police du golfe qui porte son nom. Plus tard, quand le monde connu fut devenu romain, les bandits profitèrent de ce que la destruction des États maritimes leur avait laissé le champ libre, pour courir les mers et vivre aux dépens du commerce et des villes du littoral. Jamais la piraterie ne fut aussi puissante ; la Cilicie, la Crète et les Baléares en étaient les repaires principaux. Rome dut envoyer Pompée avec ses 500 galères pour nettoyer la Méditerranée de ces forbans qui possédaient 2,000 navires et 150 forts. Sous les empereurs, des flottilles armées qui parcouraient le Rhin, le Danube, le Pont-Euxin et la mer Egée, étaient chargées d'assurer la navigation en donnant la chasse aux pirates. Ce ne fut qu'à l'époque des invasions que l'on vit renaître la piraterie. Les Vandales, établis à Carthage, écumèrent la mer Méditerranée et, pendant un siècle, furent l'épouvantail des nations riveraines.

Pendant un certain temps et lorsque Bélisaire eut détruit le royaume des Vandales, la Méditerranée jouit d'une sûreté relative ; la piraterie, cependant, continua toujours d'exister et reprenant peu à peu sa force première elle devint, au ixe siècle, plus redoutable que jamais. Ce fut alors que les Arabes s'emparèrent de la Crète et bâtirent la ville de Candie. A la même époque, les Northmans ravagèrent une partie de l'Europe. Les îles Féroé, l'Islande, le Groënland furent découverts et colonisés par eux. Un de leurs chefs conquit les Orcades, les Hébrides, les Schetland, la presqu'île de Cantyre et fonda le royaume de Caithness qui dura jusqu'en 1166.

La France elle-même ne fut pas épargnée par ces envahisseurs : ils prirent le parti d'hiverner sur nos côtes au lieu de retourner en Norwége. Leur flotte était alors si importante qu'ils durent la diviser en trois stations : la station de la Meuse et de l'Escaut, la station de la Seine et celle de la Loire. Chacun connaît leurs expéditions et, en particulier, celle du fameux Hasting qui est devenu légendaire par le stratagème à l'aide duquel il s'empara de Luna, en Italie.

Pendant toute la durée du moyen âge, de nombreux pirates se montrèrent dans les eaux de la Méditerranée, principalement sur les côtes de Syrie. Pour la plupart, ils étaient musulmans et pillaient les navires qui conduisaient les pèlerins en Palestine, malgré les efforts des flottes des Républiques italiennes de Gênes et de Pise. De son côté, Venise, que la politique de l'empereur d'Allemagne gênait dans son œuvre civilisatrice, soutenait une lutte acharnée contre les Uskoks ou Uscoques, qui, chassés de Clissa par les Turcs, s'étaient établis à Segna ou Sengh, dans le golfe de Quarnero.

Heureusement pour le commerce maritime, les pirates musulmans allaient avoir un ennemi autrement redoutable. Les Hospitaliers de Saint-Jean de Jérusalem, chassés de la Terre-Sainte (1291), se réfugièrent d'abord à Limisso dans le royaume de Chypre, et, en 1309, s'emparèrent des îles de Rhodes et de Cos qu'ils occupèrent jusqu'en 1522. L'ordre des Hospitaliers devint bientôt une puissance maritime de premier ordre. Après un siége mémorable, les chevaliers s'établirent à Malte qui leur fut cédé par l'empereur Charles-Quint, avec la ville de

Tripoli qui, depuis le roi Roger de Sicile (1146), était au pouvoir des chrétiens.

Etablis à Malte, les chevaliers eurent à combattre des pirates barbaresques et furent pour eux d'implacables ennemis. Notons, en passant, qu'ils firent faire de réels progrès à l'art naval, et qu'entre autres inventions, ils eurent l'idée des bâtiments cuirassés et en construisirent plusieurs. Cette découverte à laquelle manquait la vapeur, se perdit et ne fut retrouvée que longtemps plus tard.

A la fin du xv⁰ siècle, les musulmans, chassés d'Espagne, se réfugièrent en Afrique, et les Etats barbaresques devinrent des repaires de brigands ; plusieurs d'entre eux ne reposaient que sur la piraterie.

Sale et Rabat, à l'embouchure du Bouregreb, étaient les ports principaux où s'abritaient les pirates marocains. L'Espagne eut beaucoup à souffrir de leurs ravages. Plus tard, en 1699, sous Louis XIV, un traité en vertu duquel notre pavillon devait être respecté, fut conclu avec les chérifs.

Actuellement le Maroc est plus hospitalier, Tanger est aussi sûr qu'une ville européenne, un phare international s'élève au cap Spartel et éclaire les navigateurs. Malgré cela, les bâtiments se gardent de s'aventurer trop près de la côte ; le Riff est habité par une population féroce et fanatique qui n'hésiterait pas à attaquer des navires sans défense.

Le Maroc, cependant, fut la régence barbaresque qui se livra le moins à la piraterie : l'étendue de son territoire, les guerres intestines auxquelles il fut en proie, firent qu'il fut dépassé par Tunis, Tripoli et principalement Alger.

Vers le xv⁰ siècle, Alger possédée par les Beni-Teuni, tribu de la Mitidja, était fort redoutée dans la Méditerranée. Plus tard, deux chefs de pirates, connus par leur audace, Aroudj et Kheir-ed-din, soutenus par le sultan de Tunis, chassèrent les Génois de Djigelli et s'emparèrent d'Alger et de Tlemcen. Peu à peu, toute l'Algérie actuelle, à part Oran que possédait l'Espagne, releva des pirates d'Alger, et ces bandits soumirent à des dévastations périodiques les côtes d'Espagne, d'Italie, de Sicile, de Corse et de Sardaigne.

De 1519, époque où l'amiral espagnol de Moncade fit une expédition contre Alger, jusqu'en 1688, date du bombardement de cette ville par le duc d'Estrées, l'Espagne, la France, l'Angleterre et la Hollande envoyèrent leurs flottes dans la Méditerranée, mais n'obtinrent aucun résultat définitif.

Au xviiie siècle, l'Europe traitait avec Alger, la piraterie était en quelque sorte reconnue comme chose légale. En 1747, le Danemark fit la paix avec Alger moyennant un tribut annuel en matériel de guerre. En 1763, Venise donna quarante mille sequins et en promit dix mille autres, à titre de tribut. La Suède et la Hollande achetèrent également la paix. En 1785, l'Espagne traita au prix de quatorze millions de réaux. En 1795, les Etats-Unis payèrent cinq cent mille dollars et en promirent vingt-quatre mille, comme tribut.

La chrétienté était ainsi rançonnée par les pirates algériens, lorsqu'au congrès de Vienne on proposa d'en détruire le repaire. L'Angleterre s'y opposa et la piraterie continua d'exister. En 1816, une flotte anglo-hollandaise vint bombarder Alger et plusieurs centaines d'esclaves furent rendus à la liberté.

Il appartenait à la France de mettre fin à cet état de choses. Depuis 1830, Alger est une ville civilisée et ses pirates sont passés à l'état de légende. Nous ne dirons rien de la condition des esclaves à Alger, des renégats et de l'organisation de ce singulier gouvernement ; chacun d'ailleurs a lu, dans le *Don Quichotte* de Cervantes, l'histoire de l'esclave où l'auteur raconte sa captivité, l'histoire de la Provençale de Regnard, et, dans *Gil Blas*, celle de Raphaël.

Deux autres villes, Tripoli et Tunis, partageaient avec Alger le domaine de la Méditerranée. La première était, après Alger, le repaire le plus dangereux. Dragut s'en empara en 1531 et y organisa la piraterie. L'Espagne dirigea plusieurs expéditions contre elle. Sous Louis XIV, Duquesne fut chargé de châtier les forbans de Tripoli et détruisit leur flotte, en 1681, près de l'île de Chio. Ils se relevèrent cependant d'un pareil échec et inspirèrent assez de terreur, pour que les nations de deuxième ordre consentissent à leur payer tribut. En 1825, une escadre sarde anéantit à nouveau leur flotte, et, en 1833, la Porte reprit possession de la régence qui, depuis, forme un eyalet de l'empire ottoman.

Ce fut principalement après la prise de Tunis par Barberousse que les pirates de cette ville commencèrent à se faire craindre sur la Méditerranée. Les nations européennes durent diriger des expéditions maritimes contre les Tunisiens. Charles-Quint se fit remettre par eux dix mille chrétiens qui furent rendus à la liberté. Dès le xviiie siècle, Tunis cessa de s'adonner à la piraterie, et aujourd'hui cette ville est reliée à la Goulette par un chemin de fer, les Européens peuvent y circuler en toute sécurité, cependant il est encore dangereux de s'aventurer dans l'intérieur du pays, habité par des musulmans fanatiques.

Depuis 1830, la Méditerranée est devenue une mer sûre ; aujourd'hui, c'est principalement dans les mers de

Chine et dans l'océan Indien que l'on rencontre des pirates. En 1852, les Anglais envoyèrent à Bornéo trois bâtiments de guerre, *la Cléopâtre, le Sémiramis* et *le Pluton,* mais cette expédition n'eut pas tous les résultats que l'on pouvait en attendre. En 1872, le croiseur *le Bouraine* nettoya les mers de Chine, détruisit, non loin de l'île de Houtzé, sept navires, prit cent canons et tua cinq cents pirates.

Dans aucun pays et sous l'empire d'aucune législation un pareil crime ne pouvait rester impuni. On s'est d'abord borné à définir les faits ou la série de faits qui constituent la piraterie, puis, mettant les pirates hors la loi, on a permis au capteur de les juger militairement et sur-le-champ. Nos anciennes ordonnances voulaient que les pirates fussent mis à mort *sans forme ni figure de procès.* « Il était même autrefois licite de les piller quand ils faisaient naufrage. Cleirac, Pékins, Vinnius, Stracha, s'efforcent de justifier cette disposition des jugements d'Oléron. » (Beaussant, p. 245.)

La première, l'ordonnance du mois d'août 1681, en déterminant la juridiction des officiers de l'amirauté et les principaux devoirs des gens de mer, a posé les principes fondamentaux sur lesquels repose encore aujourd'hui la question qui nous occupe.

On consultera avec le plus grand intérêt les cinq livres de cette ordonnance, ainsi que l'étude du savant commentateur Valin. « Ne vous servez jamais du commentateur, disait l'auteur anonyme d'un article du *Mercure de France* (avril 1756), c'est une paire de lunettes hors d'usage, qui embrouille plutôt l'objet que de l'éclaircir. » Ainsi que le fait remarquer Valin lui-même, peut-être peu modeste dans cette occasion, un trait de satire aussi violent ne saurait s'étendre à lui.

On pourra également consulter avec fruit les documents suivants, qui ont servi à préparer la loi du 10 avril 1825, loi qui est encore en vigueur aujourd'hui.

1695. 9 mars. Règlement pour l'instruction et le jugement des prises.

1696. 17 mars. Ordonnance du Roi portant défense aux capitaines commandant les vaisseaux de Sa Majesté, ou aux corsaires français de tirer le coup de semonce sous autre pavillon que sous celui de France.

1699. 22 septembre. Déclaration du Roi portant défense aux matelots d'abandonner les vaisseaux sur lesquels ils sont embarqués.

1706. 27 janvier. Règlement concernant les rançons des bâtiments pris en mer.

1710. 30 août. Règlement sur les pillages des prises.

1744. 23 avril. Règlement pour l'établissement du conseil des prises.

1750. 19 avril. Arrêt qui maintient les officiers des amirautés dans le droit de connaître en première instance, et privativement à tous autres juges, des cas dont la connaissance leur est attribuée par l'ordonnance de la Marine de 1681, etc.

1757. 15 mars. Arrêt portant règlement pour les marchandises des prises.

1759. 11 juillet. Règlement pour la police et la discipline des équipages des navires marchands expédiés pour les colonies françaises, etc.

1759. 16 novembre. Ordonnance du Roi portant peines contre les gens de mer désobéissants et déserteurs.

1777. 9 août. Déclaration du Roi pour la police des noirs et portant défenses d'en amener en France.

1778. 24 juin. Déclaration concernant la course sur les
  ennemis de l'Etat.
1778. 26 juillet. Règlement concernant la navigation des
  vaisseaux neutres, en temps de guerre.
1778. 27 août. Arrêt portant règlement sur les prises, etc.

« L'ordonnance de 1681, dit M. le baron Portal, a été,
pendant plus d'un siècle, l'unique loi et restera longtemps l'un des principaux guides de la France, pour les
matières qui se rattachent à la navigation et au commerce
maritime. Ce monument de prévoyance et de sagesse,
encore si important et si utile, devait cependant avoir ses
limites, et les armateurs de nos ports ayant fait des récla-
mations pour qu'une loi nouvelle protégeât mieux les
intérêts contre la piraterie et la baraterie, » le Gouvernement présenta un projet de loi qui, successivement
discuté à la Chambre des Députés et à la Chambre des
Pairs fut promulguée, *le 10 avril 1825*, sous le titre de :
*Loi pour la sécurité de la navigation et du commerce ma-
ritime.*

C'est ce document législatif que nous allons étudier ;
toutefois, nous ne nous occuperons que des questions
dont connaissent les tribunaux maritimes ; nous laisse-
rons donc de côté le titre II qui traite du crime de baraterie. Nous commenterons chacun des articles de la loi,
nous bornant, le plus souvent, à reproduire les doctrines
de la jurisprudence (1) ou les opinions émises par les
rares jurisconsultes qui ont parlé du crime de piraterie.

---

(1) C'est aux savants ouvrages de MM. Dalloz que nous avons em-
prunté les indications qui permettront de rechercher les arrêts et jugements cités.

Nous serons sobres de critiques, aussi bien nous estimons qu'en matière de législation, il faut éviter tout ce qui peut faire naître des doutes dans l'esprit des juges, sans les éclairer, et offrir des motifs d'exceptions, sans avantages, aux accusés.

LOI DU 10 AVRIL 1825

TITRE Ier

Du crime de piraterie.

Les quatre premiers articles du titre Ier de la loi du
10 avril 1825 indiquent dans quels cas un individu peut
être poursuivi et jugé comme pirate.

Les législateurs ont reculé devant la difficulté de définir le fait qui établit la piraterie et, dans la nécessité où
ils étaient de ne pas omettre un seul des cas qui peuvent,
à juste titre, constituer ce crime, ils ont été amenés, il
faut bien le reconnaître, à appeler piraterie des circonstances qui peuvent ne pas accompagner la piraterie.

L'ordonnance de 1681 avait, elle aussi, tourné la difficulté ; elle s'était bornée à déclarer de bonne prise « tous
« vaisseaux appartenans à nos ennemis ou commandés
« par des pirates, forbans ou autres gens courant la mer,
« sans commission d'aucun prince ou Etat souverain ; »
cette définition fut reproduite dans l'article 51 de l'arrêté
du 2 prairial an XI.

Tout en respectant l'autorité des personnes qui ont
préparé et voté la loi de 1825, il est permis de remarquer qu'il eût été préférable de définir le pirate avant de
lui assimiler qui que ce fût.

Le pirate est celui qui navigue, armé, sans commission

de prince ou Etat souverain. Cette définition est donnée par le jurisconsulte anglais Blakstone ; on la retrouve dans les écrits du Hollandais Bynkersœch, comme dans ceux de Casaregis.

Ainsi que nous l'avons dit, la loi de 1825 a consacré quatre articles à l'énumération des faits de piraterie ; MM. Beaussant et Dalloz sont d'accord pour reconnaître que la division qui a été adoptée n'est pas rigoureusement logique. On chercherait, en vain, la raison qui a déterminé les auteurs du projet de loi à classer ainsi les cas qu'ils prévoyaient. Ils auraient pu, cependant, soit choisir les faits dont la responsabilité est encourue par le capitaine seul, et énumérer ensuite ceux qui peuvent être à la charge de tout l'équipage, soit classer ces faits en raison de leur gravité, et partant, des peines qui y sont attachées.

Article 1ᵉʳ. Seront poursuivis et jugés comme pirates :
1° Tout individu faisant partie de l'équipage d'un navire ou bâtiment de mer quelconque, armé et naviguant sans être ou avoir été muni, pour le voyage, de passe-port, rôle d'équipage, commission ou autres actes constatant la légitimité de l'expédition ;
2° Tout commandant d'un navire ou bâtiment de mer armé et porteur de commissions délivrées par deux ou plusieurs puissances ou Etats différents.

Constatons, d'abord, que les dispositions des quatre premiers articles de la loi de 1825 concernent tous les navires, à quelque nationalité qu'ils appartiennent ou qu'ils aient appartenu.

Les pirates peuvent, en outre, être saisis aussi bien par les navires du commerce que par les bâtiments de l'Etat ; ce n'est là, du reste, que l'application du principe général en matière de flagrant délit, principe énoncé dans l'article 106 du Code d'inst. crim.

Le navire doit être *armé ;* à ce mot il ne faut pas donner le sens qu'on lui attribue généralement dans la marine ; il ne suffit pas qu'il soit monté, gréé ou prêt à prendre la mer, il faut qu'il y ait des armes à bord. Cette interprétation n'a jamais été discutée.

Quant à savoir dans quels cas un navire peut être considéré comme armé, on conçoit qu'il ne peut être établi de règle précise à cet égard. Tout dépendra de la nationalité du navire, des parages où il navigue, etc.

« Les circonstances, disent MM. Dalloz, doivent servir de guide aussi bien aux commandants des forces navales, investis du droit de capture, qu'aux juges chargés de prononcer la validité de la prise. »

M. le comte Mathieu de La Redorte (*Revue des Deux-Mondes*, 1846) semble exiger que l'équipage du navire saisi ait manifesté ses mauvaises intentions par des actes positifs d'agression, ou par des démonstrations menaçantes non équivoques.

Aux termes de l'ordonnance de 1681, le navire pirate devait être *armé en guerre.* Si, dans la loi de 1825, on a supprimé ces derniers mots, c'est que l'on a compris que ces termes étaient trop ou pas assez larges. Dans bien des cas, en effet, un bâtiment peut être armé en guerre, alors, qu'avec les mêmes armes, il peut, dans d'autres circonstances, n'être considéré que comme muni d'instruments de défense et non d'agression.

Le Garde des Sceaux s'exprimait ainsi dans la séance du 22 février 1825 : « La destination d'un bâtiment armé est de faire la guerre : on a droit d'examiner s'il prépare une guerre légitime ou une guerre illégitime... sur mer, la guerre illégitime s'appelle piraterie. »

Consulter : *Cons. d'Et.*, 27 avril 1847, MM. d'Haubersaert, rap. Carette, av. aff. *le Restaurodor-Bahiano* et *Cons. d'Et.*, 31 mars 1847, M. Macarel, rap., aff. *la Notre-Dame-de-Grâce*. La découverte à bord d'un navire de quelques armes, telles que fusils et sabres, est insuffisante pour faire considérer ce navire comme armé pour la piraterie, et pour en justifier la capture, alors même qu'il serait trouvé hors de sa route avec dessein de se livrer à la traite.

Consulter : *Cons. d'Et.*, 25 janvier 1831, M. Chasseloup-Laubat, rap., aff. *la Corinne*. On ne saurait considérer comme armé pour la piraterie, un navire à bord duquel on ne trouve, au milieu d'autres armes, qu'un canon de 8 en fonte.

Pour être poursuivi et jugé comme pirate, il faut faire partie de l'équipage d'un bâtiment armé et naviguant *sans être ou avoir été muni pour le voyage, de passeport, etc.*

En adoptant cette rédaction, les législateurs de 1825 ont admis qu'un capitaine qui navigue sans papiers peut ne pas être un pirate. M. le baron Portal dit, en effet, dans son rapport à la Chambre des Pairs (séance du 10 février 1825) que le manque de papiers est une présomption de piraterie qui doit donner lieu à l'arrestation et au jugement, mais ce n'est qu'une présomption, car les papiers peuvent avoir été perdus ou enlevés par force. Il prévoyait ainsi le cas où un pirate s'emparant des papiers d'un bâtiment légitimement expédié, mettrait ce dernier dans le cas d'être poursuivi comme pirate.

Le paragraphe 1er de l'article 1er de la loi que nous étudions exige que le navire soit *muni pour le voyage de passe-port, rôle d'équipage, commissions ou autres actes constatant la légitimité de l'expédition.*

Muni pour le voyage, c'est-à-dire nanti des pièces pouvant servir pour le voyage; quelques-unes en effet ne sont pas délivrées à chaque départ (l'acte de nationalité, etc.); d'autres sont délivrées ou visées chaque fois que le navire prend la mer (le rôle d'équipage, etc.).

C'est par application de ce principe qu'il a été jugé qu'un navire est considéré comme pirate et que la prise en est valable, lorsque le rôle d'équipage présente une irrégularité résultant de ce qu'il porte un nombre d'hommes inférieurs à celui dont la présence a été constatée au moment de la capture (*Cons. d'Et.*, 23 *novembre* 1847, aff. *la Trovoada*).

Un autre arrêt du Conseil d'Etat (24 avril 1833, aff. *le Ferdinand VII*) visant le même cas, admet la validité de la prise, encore que l'excédant ait été constaté dans une liste dressée et ajoutée au rôle d'équipage par le capitaine lui-même.

Enfin, il a été décidé, qu'à plus forte raison, le navire armé qui navigue sans papiers de bord réguliers, constatant la légitimité de son expédition est considéré comme pirate (*Cons. d'Et.*, 12 mai 1830, aff. *le Cupidon ;* — 1er février 1844, aff. *la Maria-Annetta ;* — 20 août 1847, aff. *l'Elizia ;* — 23 novembre 1847, aff. *le Sempar.*

Mais il ne suffit pas, pour qu'un navire puisse être déclaré pirate, que ses papiers de bord soient inexacts, ou même fassent complétement défaut, il faut en outre qu'il soit *armé ;* les deux conditions sont nécessaires. Conformément : *Cons. d'Et.*, 1er mars 1820, aff. *le Plough-Boy ;* — 26 décembre 1830, aff. *la Vigilante ;* — 18 janvier 1831, aff. *l'Eclaire ;* — 31 mars 1847, aff. *la Notre-Dame-de-Grâce ;* — 27 avril 1847, aff. *le Restaurador-Bahiano ;* — 14 juin 1847, aff. *le Zampa ;* — 30 juillet 1847, aff. *l'Eu-*

ropa; — 31 août 1847, aff. *le Vencedora* et *le Mary-Jane;* 23 novembre 1847, aff. *le Tres-Coracoes.*

Quant au navire qui fait la course sans commission, il doit évidemment être considéré comme pirate. Ce cas, prévu au premier paragraphe de la loi qui nous occupe, ne saurait être discuté. On peut consulter, à cet égard, les considérants du Conseil d'Etat dans les affaires *le Panayotti* (13 août 1828), *le Cupidon, le Georgiana* et *l'Auro* (12 mai 1830).

Il n'est pas sans intérêt de citer ici l'article 6 du règlement du 21 octobre 1744, dont les dispositions extrêmement sévères, n'ont pas été reproduites dans la loi de 1825 : « Veut Sa Majesté que tous vaisseaux pris, de quelque « nation qu'ils soient, ennemie, neutre ou alliée, des- « quels il sera constaté qu'il y a eu des papiers jetés à « la mer, soient déclarés de bonne prise, avec leur car- « gaison, sur la seule preuve constatée des papiers jetés « à la mer, et sans qu'il soit besoin d'examiner quels « étaient ces papiers, par qui ils ont été jetés, ni s'il en « est resté suffisamment à bord, pour justifier que le na- « vire et son chargement appartiennent à des amis ou « alliés. »

L'article 6 du livre III, titre IX, de l'ordonnance d'août 1681, qui, lui aussi, n'a pas été reproduit, et ne devait pas l'être, infligeait une punition corporelle aux capitaines, officiers et équipages preneurs qui auraient soustrait les papiers du bâtiment capturé.

. Remarquons, avant de terminer l'étude du paragraphe 1er de l'article 1er, que l'équipage du navire se trouvant dans les conditions ci-dessus indiquées, peut, comme le capitaine, être poursuivi et jugé sur le fait de piraterie. Toutefois, et bien que cet article semble les confondre et les mettre dans la même situation vis-à-vis de l'ac-

cusation, on reconnaîtra, en lisant le compte-rendu de la
discussion de la Chambre des députés, qu'ainsi que le
font observer MM. Dalloz, le capitaine devra être pré-
sumé coupable s'il ne prouve qu'il est innocent, et l'équipage considéré comme innocent, tant que l'accusation
n'aura pas fait la preuve contre lui. (Consulter M. Duver-
gier sur l'art. 5 de la loi de 1825.)

Le 2e paragraphe de l'article 1er, qui prévoit le cas où
le capitaine d'un bâtiment armé serait porteur de commissions émanant de deux ou plusieurs puissances ou
Etats différents, reproduit l'article 5 du titre IX, livre III,
de l'ordonnance de 1681, qui portait : « Tout vaisseau
« combattant sous un autre pavillon que celui de l'Etat
« dont il a commission, ou ayant commission de deux
« différents princes ou Etats, sera aussi de bonne prise,
« et, s'il est armé en guerre, les capitaine et officiers
« seront punis comme pirates. » C'est la consécration de
l'avis de Valin et la condamnation de l'opinion soutenue
par M. le chevalier d'Abreu. (*Traité des prises.*)

Que faut-il entendre par : commission? l'auteur du
rapport à la Chambre des pairs s'exprime ainsi : « La
Commission aurait désiré que les mots *ou lettres de
marque* suivissent le mot *commissions* ; mais, ce dernier
mot est le mot générique, et il ne saurait être entendu
différemment par les tribunaux, surtout au moyen de
cette explication; que par le mot, *commissions*, nous en-
tendons parler à la fois des commissions de guerre et
marchandises et des lettres de marque, qui sont les trois
espèces de commissions ou lettres connues à la mer. » Ce
commentaire était, en effet, indispensable, car les expressions *lettres de marque* et *commissions* ne sont pas syno-
nymes.

Une lettre de marque, c'est l'autorisation donnée par

2

un souverain à un armateur de s'armer et de combattre les bâtiments ennemis ; c'est, dit Portalis, une délégation du droit de guerre que fait le Gouvernement à des particuliers.

Les commissions sont des sortes de brevets qui, remis aux armateurs, en même temps que la lettre de marque, sont destinés aux capitaines des navires autorisés à faire la course ou aux conducteurs de prises. En France, avant la promulgation du décret du 28 avril 1856, les commissions portaient la même signature que la lettre de marque, c'est-à-dire celle du Ministre de la marine ou d'un Gouverneur de colonie.

On peut encore reprocher à la rédaction du 2ᵉ paragraphe de cet article les mots *deux ou plusieurs ;* il y a certainement là un pléonasme, le mot deux aurait pu être supprimé.

Mais ce sont là des critiques qui ne touchent en rien à la haute portée des dispositions de ce paragraphe qui signale la déloyauté et la perfidie du capitaine qui use de la protection de plusieurs puissances, sinon pour les combattre elles-mêmes, au moins pour combattre en leur nom commun, bien qu'elles puissent être ennemies entre elles.

Alors que le premier paragraphe de l'article 1ᵉʳ vise le capitaine et l'équipage du navire en cause, celui-ci, au contraire, ne s'applique qu'au capitaine. Le rapporteur de la Chambre des députés nous en donne la raison :
« Il suffit, en effet, pour l'homme qui s'embarque sur un
« navire armé, de connaître que le capitaine est autorisé ;
« il a le droit d'exiger cette preuve ou de ne pas s'en-
« gager, mais il ne peut prendre de précautions contre
« la déloyauté de ce même capitaine qui, déjà muni de
« l'autorisation d'un souverain, en obtiendrait encore
« une d'un autre souverain. »

Toutefois, et comme l'ignorance des gens de l'équipage, en pareil cas, n'est qu'une présomption, l'accusation pourra faire la preuve de leur culpabilité ; ils seront alors jugés comme complices et passibles des travaux forcés à perpétuité, par application des articles 5, § 2, et 9, § 1, combinés :

Article 5. Dans le cas prévu par le paragraphe Ier *de l'article 1*^{er} *de la présente loi, les pirates seront punis, savoir : les commandants, chefs et officiers, de la peine des travaux forcés à perpétuité et les autres hommes de l'équipage de celle des travaux forcés à temps.*

Tout individu coupable du crime spécifié dans le paragraphe 2 du même article sera puni des travaux forcés à perpétuité.

Article 2. Seront poursuivis et jugés comme pirates :

1° Tout individu faisant partie de l'équipage d'un navire ou bâtiment de mer français, lequel commettrait, à main armé, des actes de déprédation ou de violences, soit envers des navires français ou des navires d'une puissance avec laquelle la France ne serait pas en état de guerre, soit envers les équipages ou chargements de ces navires.

Ce paragraphe a remplacé les expressions vagues de l'article 22 de l'ordonnance de 1543 et de l'article 35 de celle de 1584, « et si aucuns se trouvent avoir commis
« faute en leur voyage, soit d'avoir mis à fond aucuns
« navires, ou robbé des biens d'iceux, ou noyé les corps
« des marchands, maîtres, conducteurs et autres per-
« sonnes desdits navires, ou iceux descendus à terre en
« aucune loingtaine coste pour céler le larcin et malfait,
« ou bien quand il adviendrait, comme il a fait quelque-
« fois, qu'aucun d'eux se trouvant les plus forts vien-
« dront rançonner à argent les navires de nos sujets ou

« d'aucuns nos amis alliés, voulons que, sans quelque
« délai, faveur ou déport, ledit amiral en fasse ou fasse
« faire justice et punition, telle que ce soit exemple à
« tous autres deües informations des cas préalablement
« faites. »

On avait d'abord pensé qu'après avoir visé, dans ce
paragraphe, les gens de l'équipage, il serait utile de
parler des passagers, mais après discussion, la Commission spéciale de la Chambre des pairs, chargée de l'exa-
men du projet de loi, a compris que ce serait engager
dans les procédures des personnes, telles que femmes et
enfants, peut-être victimes des violences commises.

Le premier devoir de l'officier chargé de l'instruction
doit être de rechercher si les hommes coupables, portés
comme passagers, ne faisaient pas réellement partie de
l'équipage. Si ces hommes n'étaient que des passagers,
il sera toujours facile de les atteindre, si besoin est, en
les poursuivant comme complices, par application des dispositions de l'article 9, § 2.

Enfin, il faut bien remarquer, qu'ainsi que le constate
M. Beaussant, la loi punit la déprédation ou la violence,
c'est-à-dire soit le vol, soit les voies de fait, mais qu'il
n'est pas nécessaire, malgré les termes moins clairs de
l'article 6, qu'il y ait, tout à la fois, déprédation et violence.

2° *Tout individu faisant partie de l'équipage d'un navire ou bâtiment de mer étranger, lequel, hors l'état de
guerre, et sans être pourvu de lettres de marque ou de
commissions régulières, commettrait lesdits actes envers des
navires français, leurs équipages ou chargements.*

La rédaction de ce paragraphe, dans le projet présenté
à la Chambre des pairs, portait : « hors l'état de guerre
« déclarée, » la Commission a jugé utile d'employer les

mots : « hors l'état de guerre, » comme comprenant mieux et plus complétement tous les cas de guerre maritime. Sauf cette modification, ce paragraphe a été voté par les députés et les pairs tel qu'il leur avait été présenté.

Il consacre un principe du droit des gens, qui ne reconnaît comme belligérants que ceux qui combattent, non d'après leur propre initiative, mais par autorisation d'un Etat ou d'un souverain. L'acte qui constate cette autorisation, c'est la commission ou la lettre de marque.

3° *Le capitaine et les officiers de tout navire ou bâtiment de mer quelconque, qui aurait commis des actes d'hostilité sous un pavillon autre que celui de l'Etat dont il aurait commission.*

Les dispositions de ce paragraphe, combinées avec celles du 2ᵉ paragraphe de l'article 1ᵉʳ, ont remplacé l'article 5 du livre III, titre IX, de l'ordonnance de la Marine du mois d'août 1681, article ainsi conçu : « Tout « vaisseau combattant sous autre pavillon que celui de « l'Etat dont il a commission, ou ayant commission de « deux différents princes ou Etats, sera aussi de bonne « prise, et, s'il est armé en guerre, les capitaine et offi- « ciers seront punis comme pirates. » Elles sont conformes à l'article 52 de la loi du 2 prairial an XI, et visent un acte de déloyauté que Valin caractérisait ainsi : « C'est un dol et une fausseté dont il se rend coupable, sans compter l'injure qu'il fait au prince dont il a pris la commission, en méprisant son pavillon pour aller combattre sous un autre. »

Remarquons que ce paragraphe ne met en cause que le capitaine et les officiers du navire pirate ; en cela, il ne fait d'ailleurs que reproduire l'ancienne législation, car, alors que l'ordonnance du 17 mars 1696 prescrivait aux capitaines d'arborer le pavillon français avant de tirer le coup d'assurance ou de semonce, à peine de voir la prise confisquée au profit du roi, celle du 18 juin 1704 décidait qu'en cas de violation de cette règle, les équipages ne seraient point privés de la part qu'ils auraient à la prise, suivant leur convention avec les armateurs.

Aux termes de ce paragraphe, il n'est pas nécessaire que le bâtiment soit *armé* pour que, dans les circonstances qui y sont prévues, il soit considéré comme pirate. Le mot *armé* figurait dans la rédaction du projet de loi présenté à la Chambre des pairs ; il fut supprimé sur les observations du baron Portal. Le rapporteur fit remarquer à la Commission que ce n'était pas l'armement qui caractérisait le crime, mais bien les hostilités commises, et que, par conséquent, le mot *armé* offrirait d'utiles exceptions au pirate qui, après avoir commis les hostilités, se voyant poursuivi, pourrait avoir le temps de jeter ses armes à la mer avant d'avoir été amariné. Le mot *armé* fut donc remplacé par le mot *quelconque*.

Ce même paragraphe portait, dans le projet de loi, après, *hostilité*, les mots : *envers des Français, des alliés ou des neutres.* Le rapporteur de la Chambre des pairs proposa de rayer le mot *neutres*, pensant qu'il nous suffisait de nous garantir, de garantir même, si l'on voulait, nos alliés en temps de guerre, sans que, sous ce rapport du moins, nous ayons à nous mêler des affaires des neutres. Tout ce membre de phrase fut supprimé.

Examinons maintenant quelles sont les pénalités applicables aux faits prévus dans l'article 2.

Article 6. Dans les cas prévus dans les paragraphes 1 et 2 de l'article 2, s'il a été commis des déprédations et violences, sans homicide ni blessures, les commandants, chefs et officiers seront punis de mort, et les autres hommes de l'équipage seront punis des travaux forcés à perpétuité.

Et si ces déprédations ou violences ont été précédées, accompagnées ou suivies d'homicide ou de blessures, la peine de mort sera indistinctement prononcée contre les officiers et les autres hommes de l'équipage.

Le crime spécifié dans le paragraphe 3 du même article sera puni des travaux forcés à perpétuité.

Les commandants, chefs et officiers seront punis de mort. Les vrais pirates méritent la mort : « *Nec enim aliud meruerunt publicæ fidei violatores et innocentium sanguinis ac fortunarum prædones.* » Loccenius, *de jure maritimo. Lib.* 2, *cap.* 3.

L'ordonnance du roi, du 5 septembre 1718, prononçait la peine de mort contre les forbans et pirates, avec confiscation de leurs biens et celle des galères perpétuelles, avec la même confiscation, contre les fauteurs et complices. Elle ne distinguait pas si les déprédations avaient été accompagnées ou non d'homicide ou de blessures.

« On peut douter, disait le rapporteur de la Chambre des députés (séance du 30 mars 1825), que la distinction proposée produise de grands avantages. On peut dire même que si ceux qui commettent ces déprédations ne tuent ou ne blessent personne, c'est parce qu'ils n'éprouvent pas de résistance et qu'il y a de leur part intention de blesser ou de tuer quiconque leur résistera. Nous avons cru, toutefois, respecter le sentiment qui a dicté cette distinction ; elle se justifie, d'ailleurs, par le système entier de la législation criminelle qui nous régit. »

Article 3. *Seront également poursuivis et jugés comme pirates :*

1° Tout Français ou naturalisé Français qui, sans l'au-

torisation du roi, prendront commission d'une puissance étrangère pour commander un navire ou bâtiment de mer armé en course.

2° Tout Français ou naturalisé Français qui, ayant obtenu, même avec l'autorisation du Roi, commission d'une puissance étrangère pour commander un navire ou bâtiment de mer armé, commettrait des actes d'hostilité envers des navires français, leurs équipages ou chargements.

Lors de la discussion de cet article à la Chambre des députés, M. Benjamin Constant en critiqua la rédaction : « Le délit, dit-il, consiste dans l'absence d'autorisation royale ; or, peut-on qualifier de piraterie l'absence de cette autorisation ? c'est une contravention aux lois du royaume, sous ce point de vue, on peut vouloir la punir, mais la qualifier de piraterie, c'est dénaturer le langage et bouleverser le sens des paroles. » Cette observation n'est pas tout à fait juste, car le fait punissable est de *prendre commission* sans l'autorisation du roi ; ce n'est donc pas l'absence du document émanant de l'autorité française qui constitue à elle seule le crime de piraterie, c'est le fait, par le capitaine, d'avoir pris une commission étrangère, sans en avoir préalablement obtenu l'autorisation. D'ailleurs, il ne faut pas oublier que la loi n'a pas entendu définir la piraterie, mais indiquer dans quelles circonstances un individu peut être poursuivi comme pirate. On a préféré s'exprimer clairement, dussent les règles du langage en souffrir.

L'article que nous étudions a été substitué à l'article 3 du livre III, titre IX, de l'ordonnance d'août 1681, ainsi conçu : « Défendons à tous nos sujets de prendre com-
« missions d'aucuns rois, princes ou Etats étrangers pour
« armer des vaisseaux en guerre et courir la mer sous

« leur bannière, si ce n'est par notre permission, à peine
« d'être traités comme pirates. »

Les dispositions de l'ordonnance de 1681 et celles de
la loi de 1825 étant sensiblement les mêmes, on peut,
ainsi que le font remarquer MM. Dalloz, appliquer à cette
dernière la phrase suivante de Valin : « Ces dispositions
ne souffrent aucune exception ; elles s'étendent aux commissions qui seraient prises des princes amis ou alliés,
comme à celles des princes neutres ou suspects ; elles re-
gardent le temps de paix comme le temps de guerre. La
raison générale pour tous ces cas, c'est que c'est une
sorte de désertion, avec engagement au service d'une puissance étrangère, que d'implorer sa protection pour courir
la mer et combattre sous sa bannière, de préférence à
celle de son souverain. »

Le premier paragraphe de l'article 3 de la loi de 1825
a donné lieu à de sérieuses réflexions dans le sein de la
Commission de la Chambre des Pairs. On a cru toutefois
devoir l'adopter, en tenant compte de ce que le fait dont
il s'agissait était puni de la peine de mort par le règlement de 1650 et par l'ordonnance de 1681, de ce que le
projet présenté par le Gouvernement proposait d'appliquer à son auteur la peine des travaux forcés à perpétuité, de ce qu'enfin le règlement de 1806 punissait les
militaires qui prennent du service à l'étranger, sans autorisation :

1° De la perte du droit de succéder en France ;

2° De la perte des honneurs et titres dont ils auraient
pu être revêtus ;

3° De tous les droits attachés à la qualité de citoyen
français.

Mais, tout en adoptant l'ensemble de cet article, cette
même Commission demandait que le cas visé par le

premier paragraphe fût puni de la réclusion, au lieu des travaux forcés à perpétuité proposés par le Gouvernement. L'avis de la Commission prévalut.

A ceux qui, assimilant le cas de piraterie prévu dans le 1er paragraphe de l'article 3 de la loi de 1825, au cas visé par l'article 21 du Code civil, semblent trouver trop sévères les dispositions de la loi que nous étudions, M. Pardessus a répondu d'avance, prévoyant ainsi les critiques que la loi qu'il soutenait pourrait soulever : « On ne peut, sans confondre les notions, sans mettre sur la même ligne et l'amour de la gloire et celui du gain, ne pas distinguer entre le Français qui s'enrôle dans les armées de terre ou de mer d'un prince étranger ou le Français qui, n'étant point mû par l'intérêt de son pays, sollicite à l'étranger une permission de faire à son propre compte la course maritime. Le premier cherche la gloire; il a tort peut-être de priver son souverain d'un service qu'il lui doit avant tout, mais ce tort est l'illusion du courage. Celui qui, sans autorisation du roi, et pour une cause qui n'est point celle de la France, demande à un prince étranger une commission pour armer en course, n'entre point, à proprement parler, au service militaire de ce prince; il ne cherche point des lauriers, mais du butin. C'est donc dans l'intérêt bien entendu de l'honneur guerrier que cette disposition a été adoptée. »

Tout en reconnaissant avec M. Pardessus que le cas visé par le paragraphe 1er de l'article 3 de la loi de 1825 est tout à fait différent, et, à coup sûr, beaucoup plus grave que celui prévu par l'article 21 du Code civil, il faut cependant admettre que le fait d'accepter, sans l'autorisation de son Gouvernement, une commission d'un souverain étranger, ne constitue en aucune façon un fait de piraterie. Ce cas devait être également prévu par le

Code civil. Valin, lui-même, reculait devant les résultats de la théorie qu'il soutenait : « Reste à savoir, disait-il, si, parce que les contrevenants doivent être traités comme pirates, il y aurait lieu effectivement à la condamnation à mort. Il me semble que cela dépendrait des circonstances ou des suites plus ou moins fâcheuses qu'aurait eues la course. »

Une différence importante, et qu'il ne faut pas omettre de signaler, existe entre les deux cas prévus par les deux paragraphes de l'article 3 : alors que le premier ne vise que les bâtiments *armés en course,* le second s'applique à tout bâtiment *armé.* Dans le second cas, en effet, on n'a dû considérer que le fait des hostilités commises, lequel fait est punissable au même degré, quel que soit le but pour lequel le bâtiment ait été armé.

Le projet de loi présenté à la Chambre des pairs par le Gouvernement portait à la suite du paragraphe 2 de l'article 3 un troisième paragraphe ainsi conçu : Tous individus qui, faisant partie de l'équipage d'un navire ou bâtiment de mer quelconque, commettraient, à main armée, des actes de déprédation ou de violences *sur les côtes de la France,* ou des possessions françaises.

L'absence de lois anciennes ou nouvelles, tant en France que chez les autres peuples maritimes, et la crainte de voir les habitants des côtes peu satisfaits d'une assimilation qui, dans certains cas, aurait eu pour résultat de les enlever à leurs juges ordinaires, déterminèrent la Chambre des pairs à supprimer ce paragraphe.

Cette Chambre a ainsi semblé admettre que l'on ne pouvait considérer comme piraterie que le brigandage exercé sur mer, et cependant, ainsi que le fait remarquer M. Pardessus : « Tous les auteurs s'accordent à donner le nom de pirates à ceux qui, hors le cas de guerre déclarée par leur nation, viennent, par mer, exercer des brigandages sur les côtes d'un pays ; ils qualifient ces vols, ces violences du nom de piraterie. »

Pour nous, nous estimons que les peines infligées par le Code pénal, en pareil cas, sont insuffisantes et non proportionnées au crime. Nous croyons que celui qui vient, par mer, dévaster une côte est plus coupable que celui qui se livre au pillage dans son propre pays. Les préparatifs faits par le premier et la difficulté même de l'exécution de son crime, sont autant de motifs pour le châtier plus sévèrement.

Il n'est pas hors de propos de citer ici les considérants d'une ordonnance du Conseil d'Etat du 23 avril 1823 (M. Maillard, rapp., aff. *l'Amour-de-la-Patric*). Bien que cette ordonnance soit antérieure à la loi que nous étudions, elle peut lui servir de commentaire : « Considérant, « dit-elle, que le sieur A. Rossignol est né au Havre, « qu'il n'a obtenu de Nous la permission de prendre au- « cune commission en course d'aucune puissance ou « état étranger ; qu'il a néanmoins été arrêté, muni d'une « commission délivrée par les autorités de Colombie, « après avoir couru sur divers navires appartenant à « des états avec lesquels nous ne sommes point en guerre, « et en avoir déprédé les cargaisons, qu'ainsi le jugement « de la Commission des prises séant à la Martinique, qui « a déclaré bonne, valable et légale la saisie de son bâti- « ment, a fait une juste application de l'ordonnance de « 1681, mais que le jugement n'a pu, sans violer la « même disposition, ordonner la remise dudit bâtiment « aux autorités de Colombie, au lieu d'en disposer con- « formément aux lois du royaume, etc. »

Relativement aux peines applicables aux faits de piraterie prévus par l'article 3.

L'article 7 dispose : La peine du crime prévu par le paragraphe 1er de l'article 3 sera celle de la réclusion.

Quiconque aura été déclaré coupable du crime prévu par le paragraphe 2 du même article sera puni de mort.

Nous avons déjà dit pour quels motifs la Commission de la Chambre des pairs avait cru devoir punir de la réclusion les individus coupables du crime prévu dans le premier paragraphe de l'article 3, bien que l'ordonnance de 1681 eût prévu la peine de mort pour le même crime.

Article 4. Seront encore poursuivis et jugés comme pirates :

1° Tout individu faisant partie de l'équipage d'un navire ou bâtiment de mer français, qui, par fraude ou violence envers le capitaine ou commandant, s'emparerait dudit bâtiment.

2° Tout individu faisant partie de l'équipage d'un navire ou bâtiment de mer français, qui le livrerait à des pirates ou à l'ennemi.

Les lois antérieures à celle de 1825 n'avaient pas prévu le cas visé par le 1er paragraphe de cet article. Ce cas définit cependant un fait de piraterie bien caractérisé : c'est le vol d'un bâtiment, vol par fraude ou violence ; ce crime suppose, en outre, l'intention d'aller exercer d'autres brigandages en mer.

Le second paragraphe a été substitué à l'article 36 du du livre II, titre Ier de l'ordonnance du mois d'août 1681, ainsi conçu : « Le maître qui sera convaincu d'avoir livré « aux ennemis... son vaisseau, sera puni du dernier supplice. » On voit que la législation antérieure à 1825 ne désignait que le capitaine ; elle était incomplète en ne prévoyant pas le cas où, en l'absence du capitaine, et même d'une partie de l'équipage, un ou plusieurs marins livreraient le navire au pirate ou à l'ennemi.

En ce qui concerne la rédaction de ce paragraphe, il y a lieu de constater que l'intention du criminel n'a pas été prévue. Bien que M. Portal ait pris soin de nous dire que le mot *livrerait* a présenté à la Commission le même sens que s'il était accompagné des mots *méchamment ou dans une intention frauduleuse*, ces mots n'étant pas dans la loi, il faut s'en tenir au texte, sans quoi les cas de piraterie visés par ce paragraphe se confondraient avec les cas de baraterie, et il en résulterait des conflits entre les tribunaux maritimes et les tribunaux du droit commun.

C'est ainsi que l'on soutiendrait à tort la doctrine de Casarégis, qui interprète ainsi les termes identiques de l'ordonnance de 1681 : « D'avoir livré aux ennemis... en conduisant son navire dans un port ennemi, ou trop près des côtes de son pays, soit encore en attaquant témérairement un vaisseau contre lequel il est moralement hors d'état de résister, soit en se rendant sans combattre, car la présomption est, *juris et de jure*, qu'il y a trahison de sa part. »

La distinction entre la piraterie et la baraterie est doublement importante, car, suivant le cas, le coupable sera jugé par les tribunaux maritimes ou les tribunaux ordinaires : il sera puni, soit de la peine de mort, par application de l'article 8, § 3, ou de l'article 11, soit des travaux forcés à temps, en vertu de l'article 13, § 4.

Article 8. Dans le cas prévu par le paragraphe 1ᵉʳ de l'article 4, la peine sera celle de mort contre les chefs et contre les officiers, et celle des travaux forcés à perpétuité contre les autres hommes de l'équipage.

Et si le fait a été précédé, accompagné ou suivi d'homi-

*cide ou de blessures, la peine de mort sera indistinctement
prononcée contre tous les hommes de l'équipage.*

*Le crime prévu par le paragraphe 2 du même article
sera puni de la peine de mort.*

Remarquons que, par le mot *chefs*, le premier paragraphe de cet article n'a pas entendu les personnes ayant une autorité à bord, car, d'une part, le capitaine est hors de cause, et d'autre part, les officiers sont visés d'une manière spéciale ; les chefs dont il est question sont donc les chefs de la révolte, de l'entreprise, les fauteurs du crime.

Quant aux autres personnes de l'équipage, qui ont pu être victimes de séduction ou de mauvais exemples, la loi les condamne aux travaux forcés. Elle suit, en cela, le principe général du Code pénal (V. art. 96 et suiv.) qui punit les chefs de bandes plus sévèrement que les individus faisant partie de ces mêmes bandes, sans y exercer aucun commandement.

Pour le commentaire des articles 5 et 8, nous renvoyons à la fin de ce Mémoire où l'on trouvera l'étude de différentes affaires, notamment celles du *Fœderis-Arca* et du *H.-L.*

Il n'est pas sans intérêt de faire observer que la législation anglaise inflige la peine de mort aux coupables du crime prévu au § 1er de l'article 4 de la présente loi, sans distinguer à quels titres ils étaient embarqués.

Dans les mêmes circonstances, et s'il n'y a eu ni homicide ni blessures, un individu appartenant à l'équipage d'un navire américain, ne sera condamné qu'à une amende de 2,000 dollars, au maximum, et à un emprisonnement avec travail pénible (*hard labor*) de dix années, au maximum, en exécution de l'acte approuvé le 3 mars 1835.

Article 9. Les complices des crimes spécifiés dans le paragraphe 2 de l'article 1er, le paragraphe 3 de l'article 2, le paragraphe 2 de l'article 3 et le paragraphe 2 de l'article 4 seront punis des mêmes peines que les auteurs principaux desdits crimes.

Les complices de tous autres crimes prévus par la présente loi seront punis des mêmes peines que les hommes de l'équipage.

Le tout suivant les règles déterminées par les articles 59, 60, 61, 62 et 63 du Code pénal, et sans préjudice, le cas échéant, de l'application des articles 265, 266, 267 et 268 dudit Code.

Avant d'indiquer quelles peines doivent être appliquées à telle catégorie de complices, établissons quelles sont les personnes qui peuvent être poursuivies comme complices. Je me bornerai, à cet égard, à citer, sans les commenter, les articles 60, 61 et 62 du Code pénal.

Article 60. « Seront punis comme complices d'une ac-
« tion qualifiée crime ou délit, ceux qui, par dons, pro-
« messes, menaces, abus d'autorité ou de pouvoir, ma-
« chinations ou artifices coupables, auront provoqué à
« cette action, ou donné des instructions pour la com-
« mettre ; — ceux qui auront procuré des armes, des ins-
« truments, au tout autre moyen qui aura servi à l'action,
« sachant qu'ils devaient y servir ; — ceux qui auront,
« avec connaissance, aidé ou assisté l'auteur ou les au-
« teurs de l'action, dans les faits qui l'auront préparée
« ou facilitée, ou dans ceux qui l'auront consommée ;
« sans préjudice des peines qui seront spécialement por-
« tées par le présent Code contre les auteurs de complots
« ou de provocations attentatoires à la sûreté intérieure
« ou extérieure de l'État, même dans le cas où le crime

« qui était l'objet des conspirateurs ou des provocateurs
« n'aurait pas été commis. »

Article 61. « Ceux qui, connaissant la conduite cri-
« minelle des malfaiteurs exerçant des brigandages ou
« des violences contre la sûreté de l'Etat, la paix publi-
« que, les personnes ou les propriétés, leur fournissent
« habituellement logement, lieu de retraite ou de réu-
« nion, seront punis comme leurs complices. »

Article 62. « Ceux qui sciemment auront recélé, en
« tout ou en partie, des choses enlevées, détournées ou
« obtenues à l'aide d'un crime ou d'un délit, seront
« aussi punis comme complices de ce crime ou délit. »

Les individus composant l'équipage d'un navire, aussi
bien que les personnes étrangères à la navigation, peuvent donc être poursuivis comme complices. Le capitaine ne peut être jugé que comme auteur principal, les
personnes étrangères à la navigation (passagers ou autres) et celles ne faisant pas partie de l'équipage du navire ne peuvent être jugées que comme complices, à
moins, toutefois, qu'elles ne puissent être considérées
comme chefs de la révolte ou de l'entreprise.

Lorsqu'il s'agira d'appliquer la peine au complice d'un
crime de piraterie, on devra d'abord se reporter aux articles 59 et 63 du Code pénal, ainsi conçus :

Article 59. « Les complices d'un crime ou d'un délit
« seront punis de la même peine que les auteurs mêmes
« de ce crime ou de ce délit, sauf les cas où la loi en
« aurait disposé autrement. »

Article 63. « Néanmoins la peine de mort, lorsqu'elle
« sera applicable aux auteurs des crimes, sera remplacée,
« à l'égard des recéleurs, par celle des travaux forcés à
« perpétuité. — Dans tous les cas, les peines des tra-
« vaux forcés à perpétuité ou de la déportation, lorsqu'il

« y aura lieu, ne pourront être prononcées contre les
« receleurs qu'autant qu'ils seront convaincus d'avoir
« eu, au temps du recelé, connaissance des circonstances
« auxquelles la loi attache les peines de mort, des tra-
« vaux forcés à perpétuité et de la déportation ; sinon
« ils ne subiront que la peine des travaux forcés à
« temps. »

Puis, on consultera l'article 9 de la loi de 1825 qui in-
dique certaines exceptions au principe de l'article 59 du
Code pénal.

Dans les cas où la loi de 1825 ne vise que le capitaine
(quand un navire navigue avec deux commissions de
puissances différentes ; quand un navire étranger, commandé par un Français autorisé, attaque un navire français), les complices seront punis comme l'auteur principal.

Les complices de celui qui livre un bâtiment français
aux ennemis et les complices de ceux qui commettent des
hostilités sous un pavillon autre que celui de l'Etat qui a
donné la commission seront également punis comme les
auteurs principaux.

Dans tous les autres cas prévus par la loi, sauf l'exception ci-dessous, les complices seront passibles des
peines indiquées pour l'équipage, peines qui sont, le
plus souvent, moins sévères que celles applicables aux
capitaines.

Toutes les circonstances prévues dans les quatre premiers articles de la loi de 1825 se trouvent ainsi visées
dans les deux premiers paragraphes de l'article 9 de cette
même loi, à l'exception toutefois de celle indiquée au
paragraphe 1er de l'article 3, qui déclare pirate tout Français ou naturalisé Français qui, sans l'autorisation du roi,
prend commission d'une puissance étrangère pour com-

mander un navire armé en course. On constatera, en effet, que ce cas qui n'est pas visé au paragraphe 1er de l'article 9 ne peut être compris dans le paragraphe 2 du même article, puisque le paragraphe 1er de l'article 7 ne saurait prévoir, dans cette hypothèse, une peine pour l'équipage, le capitaine seul étant en cause. Il est incontestable cependant, qu'en lisant l'article 60 du Code pénal, on peut concevoir bien des cas où un individu pourra être le complice du capitaine, auquel il est fait allusion au paragraphe 1er de l'article 3 de la loi de 1825. Dans un cas de l'espèce, le tribunal devra, conformément au principe général du droit, et spécialement au paragraphe 3 de l'article 9 de la loi 1825, appliquer au complice les dispositions de l'article 59 susvisé du Code pénal.

Après avoir rappelé que la complicité, en matière de piraterie, sera déterminée suivant les règles tracées par les articles 59, 60, 61, 62 et 63 du Code pénal, l'article que nous étudions ajoute que, le cas échéant, on devra appliquer les articles 265, 266, 267 et 268 dudit Code. Ces articles ayant trait aux associations de malfaiteurs n'ont un rapport que très-indirect avec la question de complicité; on a donc lieu d'être étonné de les voir visés avec ceux que nous avons reproduits.

« Les malfaiteurs dont il s'agit ne sont pas, dit M. Berlier, ceux qui agissent isolément ou même de concert avec d'autres pour la simple exécution d'un crime; ce que vise le Code pénal, ce sont les bandes ou associations de ces hommes pervers qui, faisant un métier du vol et du pillage, sont convenus de mettre en commun le produit de leurs méfaits. » D'un autre côté, M. Noailles, dans son rapport au Corps législatif, s'exprime ainsi :
« Il a association de malfaiteurs dès qu'il y a bande or-

ganisée par la nomination des chefs ou par leur correspondance entre eux. »

Nous nous bornerons à reproduire les articles 265, 266, 267 et 268 du Code pénal ; l'étude de ces articles nous entraînerait trop loin de notre sujet pour que nous puissions la tenter ici. Disons, cependant, que contraire-ment à l'opinion soutenue par M. Carnot, nous pensons, avec MM. Chauveau et Hélie et Dalloz, que les dispositions de l'article 265 sont applicables si, bien qu'inférieur à vingt, le nombre des malfaiteurs est suffisant pour constituer une bande.

Article 265. « Toute association de malfaiteurs envers
« les personnes ou les propriétés est un crime contre la
« paix publique. »

Article 266. « Ce crime existe par le seul fait d'orga-
« nisation de bandes ou de correspondances entre elles
« et leurs chefs ou commandants, ou de conventions
« tendant à rendre compte ou à faire distribution ou par-
« tage du produit des méfaits. »

Article 267. « Quand ce crime n'aura été accompa-
« gné ni suivi d'aucun autre, les auteurs, directeurs de
« l'association, et les commandants en chef ou en sous-
« ordre de ces bandes, seront punis des travaux forcés
« à temps. »

Article 268. « Seront punis de la réclusion tous autres
« individus chargés d'un service quelconque dans ces
« bandes, et ceux qui auront sciemment et volontaire-
« ment fourni aux bandes ou à leurs divisions, des ar-
« mes, munitions, instruments de crime, logement, re-
« traite ou lieu de réunion. »

En ce qui concerne la prescription, l'article 236 du Code de justice militaire pour l'armée de mer est ainsi conçu : « Les disposititions du chapitre V du titre VII

« du livre II du Code d'Inst. crim. relatives à la pres-
« cription, sont applicables à l'action publique résultant
« d'un crime ou d'un délit de la compétence des juridic-
« tions maritimes, ainsi qu'aux peines prononcées par
« ces juridictions; toutefois, la prescription résultant de
« la désertion.... »

Enfin, l'article 260 du même Code de 1858 rend applicables devant la juridiction maritime les articles 2, 3,
64 et 65 du Code pénal, sur la tentative en matière de
crimes ou de délits et sur les cas d'excuses qui peuvent
être admis par les tribunaux.

Le 10ᵉ et dernier *article* du titre I de la loi de 1825 est
ainsi conçu : *Le produit de la vente des navires et bâtiments de mer capturés pour cause de piraterie, sera réparti
conformément aux lois et règlements sur les prises maritimes. Lorsque la prise aura été faite par des navires du
commerce, ces navires et leurs équipages seront, quant à
l'attribution et la répartition du produit, assimilés à des
bâtiments pourvus de lettres de marque et à leurs équipages.*

Les dispositions de cet article étant complétement in-
dépendantes de la question de piraterie, nous les avons
reproduites, sans commentaires.

TITRE II

Du crime de baraterie.

Le titre II de la loi du 10 avril 1825 est destiné à réprimer la baraterie. « La baraterie, dit M. Beaussant, est un crime dirigé, non pas, comme la piraterie, contre les intérêts généraux du commerce, mais contre les intérêts privés des intéressés aux chargement et armement d'un navire, et qui, en conséquence, est toujours poursuivi et jugé suivant les formes et devant les tribunaux ordinaires. »

La définition du crime de baraterie et les peines qui y sont applicables sont donc étrangères à notre sujet ; nous dirons seulement qu'il y a deux sortes de baraterie ; la baraterie civile qui résulte de faits d'imprudence ou d'impéritie, et la baraterie criminelle qui résulte de l'intention de nuire.

La baraterie civile est prévue et punie par le Code de commerce (articles 221 et suiv.). Le capitaine est responsable, dans l'exercice de ses fonctions, même pour ses fautes légères. (Consulter sur cette question, Pouget, Principe du droit maritime. Paris, 1858, 2ᵉ volume, p. 228, et les cours fort remarquables professés par MM. Rataud et Léveillé à la Faculté de droit de Paris.)

La baraterie criminelle est prévue et punie par le titre II de la loi de 1825 : Toutefois on a reconnu que les dispositions de cette loi étaient incomplètes et que les peines qu'elle portait étaient souvent trop rigoureuses. Le décret-loi du 24 mars 1852, articles 89 à 94, a défini à nouveau certains cas de baraterie, en indiquant les peines à eux applicables. (Voir Derche. Décret-loi disciplinaire et pénal pour la marine marchande. Paris, in-8°, 1859.)

TITRE III

Poursuites et compétence.

Article 16. Lorsque des bâtiments de mer auront été capturés pour cause de piraterie, la mise en jugement des prévenus sera suspendue jusqu'à ce qu'il ait été statué sur la validité de la prise. Cette suspension n'empêchera ni les poursuites, ni l'instruction de la procédure criminelle.

Le jugement de la question préjudicielle à laquelle peut donner lieu une affaire de piraterie et qui consiste à savoir si le bâtiment capturé est de bonne prise, appartient au Conseil des prises en premier ressort, au Conseil d'Etat, en appel. Le Conseil des prises, institué par le décret du 18 juillet 1854, réorganisé par celui du 9 mai 1859, a été rendu permanent le 28 novembre 1861. Il connaît non-seulement des prises maritimes faites en temps de guerre, mais aussi de celles des bâtiments pirates ou négriers.

L'article 16 de la loi de 1825 a été l'objet de nombreuses critiques ; certaines personnes auraient voulu confier aux tribunaux chargés de juger les pirates le soin de statuer sur la validité des prises ; d'autres désiraient que le jugement du pirate précédât la discussion sur la validité de la prise, partant du principe que le jugement des personnes doit précéder celui des choses ; d'autres enfin soutiennent que la décision qui déclarera la prise valable, influera considérablement sur le résultat de l'action au criminel.

A ceux qui ont soulevé la première objection, le rapporteur de la Chambre des députés a répondu en ces termes : « Il est inutile de vous expliquer pour quels motifs de haute politique, le droit de statuer sur la validité des prises maritimes, ne peut, ni directement, ni indirectement, ni principalement, ni incidemment, être attribué aux tribunaux. Les lois en vigueur s'y opposent (1), et si ces lois n'existaient pas, il faudrait les faire. Car, il ne saurait y avoir aucune garantie de la paix extérieure dans un pays où la validité des prises ne serait pas appréciée par le pouvoir politique. » Remarquons que ces paroles peuvent s'appliquer aux prises faites en temps de paix aussi bien qu'aux prises ennemies, en temps de guerre ; car, dans la plupart des cas, il y aura des étrangers à bord du bâtiment pirate ; de la validation ou de l'invalidation de la prise il peut donc résulter des correspondances diplomatiques fort sérieuses.

La seconde objection paraît essentiellement logique ; mais, en retournant la proposition, on reconnaîtra qu'avant de s'occuper des personnes, avant de savoir quels ont été les pirates, il est indispensable de s'occuper des choses, de savoir si la prise est valable, s'il y a eu piraterie ; autrement, on pourrait arriver à ce triste résultat de trouver des pirates là où l'on reconnaîtrait qu'il n'y a pas de piraterie ; tandis qu'à l'inverse, une prise peut être légitime sans qu'il ait de pirates à son bord.

---

(1) Les lois auxquelles il est fait ici allusion sont : le Règlement pour l'instruction et le jugement des prises du 9 mars 1695, celui du 23 avril 1774 et celui du 27 août 1778.

On a dit enfin que la décision du Conseil des prises in-fluerait sur l'action au criminel. Cette influence ne peut être niée, elle constituera une *prévention* dans l'esprit du juge, mais parce que la prise aura été déclarée valable, celui-ci ne devra pas, admettant qu'il y a eu piraterie, chercher le pirate ; il devra considérer qu'il n'y a pas de crime sans intention criminelle. En prenant comme exemple le cas prévu au 2ᵉ paragraphe de l'article 3, et si l'on admet que le capitaine ignorait que le bâtiment envers lequel il a commis des actes d'hostilité était fran-çais, la prise pourra être valable et le capitaine déclaré non pirate.

Il faut cependant constater que les dispositions de cet article, conformes aux intérêts politiques et commer-ciaux de la France, peuvent paraître en contradiction avec celles de l'article 3 du Code d'Inst. crim. ainsi conçu : « L'action civile peut être poursuivie en même « temps et devant les mêmes juges que l'action pu-« blique. — Elle peut aussi l'être séparément ; dans ce « cas, l'exercice en est suspendu tant qu'il n'a pas été « prononcé définitivement sur l'action publique intentée « avant ou pendant la poursuite de l'action civile. »

Article 17. S'il y a capture de navire ou arrestation de personnes, les prévenus de piraterie seront jugés par le tribunal maritime du chef-lieu de l'arrondissement mari-time dans les ports duquel ils auront été amenés.

Dans tous les autres cas, les prévenus seront jugés par le tribunal maritime de Toulon, si le crime a été commis dans le détroit de Gibraltar, la mer Méditerranée, ou les autres mers du Levant, et par le tribunal de Brest, lorsque le crime aura été commis dans les autres mers.

Toutefois, lorsqu'un tribunal maritime aura été régu-

lièrement saisi du jugement de l'un des prévenus, ce tribu-
nal jugera tous les autres prévenus du même crime, à
quelque époque qu'ils soient découverts et dans quelque lieu
qu'ils soient arrêtés.

Sont exceptés des dispositions du présent article les pré-
venus du crime spécifié au paragraphe 1er de l'article 3,
lesquels seront jugés suivant les formes et par les tribu-
naux ordinaires.

Cette législation a été maintenue par les articles 90 et
91 du Code de justice militaire pour l'armée de mer :
Article 90. « Les tribunaux maritimes continuent à con-
« naître des faits de piraterie prévus par la loi de 1825.»
Article 91. « Le prévenu est traduit soit devant le tribu-
« nal maritime dans le ressort duquel le crime ou délit
« a été commis, soit devant celui dans le ressort duquel
« il a été arrêté ; sans préjudice des dispositions conte-
« nues dans l'article 17 de la loi du 10 avril 1825. »

Un décret du 24 juin 1858, auquel est annexé un ta-
bleau, a fixé pour chaque arrondissement maritime le
ressort des tribunaux maritimes en France.

Enfin, un décret du 31 mars 1874 a organisé deux tribunaux maritimes permanents en Cochinchine ; mais, il
faut bien considérer que les crimes de piraterie commis
dans les mers qui avoisinent la Cochinchine restent dans
le ressort du tribunal de Brest ; ce ne serait qu'au cas
où les criminels auraient été amenés à Saïgon, que, conformément au paragraphe 1er de l'article 17 de la loi de
1825, un des tribunaux maritimes de cette ville pourrait
être appelé à connaître d'un fait de piraterie.

On a longtemps critiqué et l'on critique encore aujourd'hui la disposition de la loi de 1825 qui confie aux
tribunaux maritimes le soin de connaître des faits de piraterie. M. Beaussant, si réservé dans ses rares critiques,

regrette qu'avec l'étendue donnée aux cas de piraterie, on n'ait pas conservé la compétence ordinaire ; il assimile les pirates aux voleurs de grand chemin, aux auteurs de rébellions et conspirations sur le territoire, et voudrait les voir soumis à la même juridiction que ces derniers. Certes, il ne faut pas perdre de vue que les tribunaux maritimes sont des tribunaux d'exception et que ces juridictions n'ont été instituées que pour décider sur les cas où il est nécessaire que les juges aient des connaissances spéciales. C'est précisément parce qu'à notre avis, il faut, pour distinguer la nature des crimes de piraterie, pour juger des allures et manœuvres d'un bâtiment, des connaissances et une expérience des choses de la mer que l'on ne rencontrerait pas dans un jury ordinaire, que nous estimons que la loi de 1825 a bien fait de confier aux tribunaux maritimes le jugement des pirates.

Déjà, d'ailleurs, le règlement du 2 prairial an XI, qui soumet aux tribunaux de l'armée navale les délits et crimes commis à bord des navires armés en course et le décret du 12 avril 1811 qui défère aux tribunaux maritimes certains capitaines pour contraventions aux règlements concernant la police des gens de mer, avaient consacré une dérogation analogue aux principes du droit commun. Une exception plus remarquable encore aux principes de la législation criminelle devait être adoptée dix ans plus tard pour la répression des contraventions, délits et crimes commis par des Français dans les échelles du Levant et de Barbarie. (Loi du 28 mai 1836.)

On aurait pu instituer un jury spécial, mais, ainsi que l'a fait observer la Commission de la Chambre des pairs, il aurait fallu une législation tout entière pour déterminer la composition de ce jury et investir une cour ou un tribunal quelconque du droit de poursuivre et d'appliquer la loi.

Au reste, il est important de constater que la juridiction maritime ne connaît que des capitaine et officiers, de l'équipage, des complices étrangers et de ceux des complices français qui ont aidé ou assisté les coupables dans le fait même de la consommation du crime. C'est à ces personnes seulement que s'appliquent les trois premiers paragraphes de l'article 17.

Quant au Français et au complice du Français ou naturalisé Français qui, sans l'autorisation du Chef de l'Etat, prendrait commission d'une puissance étrangère, pour commander un navire étranger armé en course, ils seraient, dans tous les cas, justiciables des tribunaux ordinaires comme le sont d'ailleurs les individus qui tombent sous l'application de l'article 21 du Code civil.

Article 18. Il sera procédé à l'instruction et au jugement conformément à ce qui est prescrit par le règlement du 12 novembre 1806.

Néanmoins, si, pour quelque cause que ce soit, des témoins ne peuvent être produits aux débats, il y sera suppléé par la lecture des procès-verbaux et de toutes autres pièces qui seront jugées par le tribunal maritime être de nature à éclaircir la vérité.

Les dispositions du paragraphe 1er de cet article sont aujourd'hui remplacées par celles des 1re et 2e sections du chapitre II du Code de justice militaire pour l'armée de mer, du 4 juin 1858, articles 197 à 202. (Le décret du 31 mars 1874 a pourvu au même objet en ce qui concerne les tribunaux maritimes de la Cochinchine.)

Conformément à ce qui a lieu, dans certains cas, devant les Cours d'assises, le tribunal maritime peut, par la lecture des pièces jugées utiles, suppléer à l'audition des témoins que l'extrême éloignement ou d'autres causes ne permettraient pas de faire comparaître. Les dispositions de ce deuxième paragraphe n'ont, d'ailleurs, rien de spécial à la loi qui nous occupe et sont conformes aux principes généraux en matière d'instruction criminelle. Conséquences indiscutables du pouvoir discrétionnaire attribué au président ; elles sont reproduites dans l'article 156 du Code de justice militaire pour l'armée de mer.

Il n'entre pas dans notre intention de commenter ici les dispositions de la loi du 4 juin 1858 relatives à la procédure devant les tribunaux maritimes ; en matière de procédure criminelle, la simple lecture de la loi suffit presque toujours pour l'intelligence du texte.

Article 19. Les complices des crimes de piraterie spécifiés au titre Ier de la présente loi seront jugés par les tribunaux maritimes, ainsi qu'il est prescrit par les deux articles précédents.

Sont exceptés et seront jugés par les tribunaux ordinaires les prévenus de complicité, Français, ou naturalisés Français, autres néanmoins que ceux qui auraient aidé ou assisté les coupables dans le fait même de la consommation du crime.

Et dans les cas où les poursuites seraient exercées simultanément contre les prévenus de complicité compris dans l'exception ci-dessus, et contre les auteurs principaux, le procès et les parties seront renvoyés devant les tribunaux ordinaires.

Nous savons déjà dans quelles circonstances un individu peut être poursuivi comme complice d'un fait de piraterie. En règle générale, toutes les personnes se trouvant dans l'une de ces circonstances, seront justiciables des tribunaux maritimes. Toutefois, tous les prévenus de complicité qui seront Français ou naturalisés Français, seront traduits devant les tribunaux ordinaires, à moins qu'ils n'aient aidé ou assisté les coupables dans le fait même de la consommation du crime. Quant aux dispositions du troisième paragraphe de cet article, elles sont de droit commun. « En vertu de ce paragraphe, dit M. Portal, un négociant français ne sera point exposé à être poursuivi et jugé par les tribunaux maritimes, comme prévenu de complicité des pirateries commises par les vaisseaux dont il était l'armateur ; ses juges naturels décideront seuls de sa culpabilité et ils jugeront aussi les autres prévenus des mêmes crimes. »

Article 20. Les individus prévenus des crimes ou de complicité des crimes spécifiés au titre II de la présente loi seront poursuivis et jugés suivant les formes et par les tribunaux ordinaires.

Si claires que soient ces dispositions, leur application a donné lieu à des divergences d'interprétation qui, portées devant diverses juridictions, ont été tranchées par la Cour de cassation. Les arrêts de cette Cour sont, en cette matière, peu nombreux, il nous sera facile de les étudier successivement ; ils forment le meilleur commentaire de la loi du 10 avril 1825.

Affaire *l'Alexandre*. Notons tout d'abord un arrêt du 11 avril 1839 (crim. rej.) qui déclare que les tribunaux maritimes sont compétents pour juger tout individu fai-

sant partie de l'équipage d'un bâtiment français, accusé
d'un fait de piraterie prévu par les articles 4 et 8 de la
loi de 1825. MM. Dalloz reproduisent les considérants de
cet arrêt dans leur Répertoire de législation, tome XXXIV,
page 1825 : « La Cour (apr. dél. en ch. du cons.), —
« attendu que les tribunaux maritimes, établis par un
« décret qui avait force de loi et reconnu postérieure-
« ment par la loi du 10 avril 1825, sont compétents pour
« juger tout individu faisant partie de l'équipage d'un
« bâtiment de mer français, accusé d'un fait de pirate-
« rie ; — attendu, dès lors, que Marsaud, ex-second ca-
« pitaine du navire *l'Alexandre*, a été compétemment
« traduit devant le tribunal maritime de Brest, à raison
« d'un fait prévu par les articles 4 et 8 de la loi préci-
« tée ; — attendu qu'aux termes de la loi du 27 ventôse
« an **VIII**, article 77, la Cour n'a de juridiction, en ce
« qui concerne les tribunaux militaires de terre et de
« mer, que sur le pourvoi de ceux qui n'étaient pas jus-
« ticiables de ces tribunaux ; — par ces motifs, déclare
« Marsaud non recevable dans son pourvoi. »

Affaire *le Fœderis-Arca*. Environ vingt-sept ans plus
tard, les tribunaux civils et maritimes ont été saisis de
l'affaire du *Fœderis-Arca*. Les faits de piraterie, presque
toujours accompagnés d'homicides et accomplis dans les
circonstances les plus dramatiques, ont, en France, un
retentissement considérable. Par cela même que les
crimes ont été commis dans des parages lointains, en
mer, et par des individus dont le caractère contraste
étrangement avec celui des prévenus ordinaires des
Cours d'assises, les débats des affaires de piraterie sont
reproduits par tous les journaux et passionnent les lec-
teurs. Bien que les quatre matelots du *Fœderis-Arca* déclarés coupables aient été guillotinés depuis bientôt dix

ans, on se souvient encore des moyens employés par leurs avocats pour retarder une exécution inévitable.

Le 29 mai 1864, l'équipage du navire *le Fœderis-Arca* se révolte à l'occasion d'une menace du capitaine Richebourg ; le lieutenant Aubert est assassiné et jeté à la mer ; le capitaine qui était venu lui porter secours, est lui-même frappé et jeté à la mer. L'équipage pénètre dans la chambre de Richebourg, se partage ses effets et pille la cambuse.

Incapables de diriger le navire, les criminels se décident à le couler, après avoir préalablement assassiné le mousse dont les dénonciations étaient à craindre, et se réunissent dans les embarcations avec l'intention de se faire passer pour naufragés. Ils y réussirent, en effet, furent recueillis par un brick danois, conduits aux îles du Cap-Vert et rapatriés par un bâtiment de guerre français. Ce ne fut que longtemps après et sur les aveux d'un novice, que la justice fut amenée à rechercher les coupables. Tous furent arrêtés, et, à l'exception d'un passager et d'un homme de l'équipage qui s'échappa d'un navire anglais à bord duquel il était aux fers, tous furent traduits devant les tribunaux.

Cette affaire, successivement portée devant les tribunaux ordinaires de Nantes, Rennes et Caen, devant le tribunal maritime de Brest et celui de Toulon, donna lieu à trois arrêts de la Cour de cassation. J'emprunte à MM. Dalloz l'exposé des points de droit soumis au jugement de cette Cour.

« L'ordonnance du juge d'instruction, qui déclare l'in-
« compétence de la juridiction du droit commun, peut
« être attaquée devant la chambre d'accusation par les
« inculpés, sans distinction entre le cas où la question
« de compétence a été soulevée par eux et celui où elle

« l'a été par le ministère public. » (C. inst. crim., 135.
1er arrêt.)

« Le défaut de notification ou de communication préa-
« lable aux inculpés de l'ordonnance du juge d'instruc-
« tion, par eux déférée à la chambre des mises en accu-
« sation comme ayant à tort prononcé le dessaisissement
« de la juridiction ordinaire, rend nulle, pour violation
« des droits de la défense, la décision confirmative ren-
« due par cette chambre. » (C. inst. crim., 135, 1er arrêt.)

« La décision par laquelle le tribunal maritime de ré-
« vision annule comme incompétemment rendu un juge-
« ment de condamnation du tribunal maritime, peut-elle
« être déférée à la Cour de cassation par le commissaire
« impérial pour violation de la loi? » (Non résolu,
3e arrêt.)

« Le commissaire impérial peut-il, du moins, lors-
« qu'il en résulte un conflit négatif de juridictions, sai-
« sir la Cour de cassation d'une demande en règlement
« de juges? » (C. just. marit., art. 112, non résolu,
3e arrêt.)

« En tous cas, une telle demande, lorsqu'elle a été
« formée, ne fait pas obstacle à l'exercice du droit qui
« appartient au ministre de la justice de provoquer l'an-
« nulation, pour violation de la loi, des jugements des
« tribunaux de la marine, et la cassation prononcée sur
« un tel recours permet de laisser cette demande sans
« décision. » (C. inst. crim., 441 ; C. just. marit., 112,
3e arrêt.)

« Lorsque la Cour de cassation reconnaît, sur un
« pourvoi formé d'ordre du garde des sceaux, que c'est
« à tort que le tribunal de révision a annulé pour cause
« d'incompétence un jugement de condamnation du tri-
« bunal maritime, et prononce, en conséquence, la cas-

« sation de la décision du tribunal de révision, cette
« cassation laisse subsister la condamnation rendue par
« le tribunal maritime et entraîne seulement le renvoi
« devant un nouveau tribunal de révision pour être sta-
« tué sur le recours des condamnés. » (C. inst. crim., 441,
3ᵉ arrêt.)

« A supposer qu'il y eût lieu, dans ce cas, de procéder,
« non par voie de cassation, mais par voie de règlement
« de juges, la déclaration de la Cour de cassation qui
« proclamerait la compétence de la juridiction maritime,
« aurait-elle le même effet que la cassation du jugement
« du tribunal de révision prononcée pour fausse appré-
« ciation de la compétence, ou bien nécessiterait-elle le
« renvoi des condamnés devant un second tribunal de la
« même juridiction pour être jugés à nouveau ? » (Non
résolu.)

« Le fait de matelots composant l'équipage d'un bâti-
« ment de commerce de s'être, durant la traversée, em-
« parés du navire en assassinant leurs officiers, d'avoir
« pillé les effets de ceux-ci, et d'avoir, pour dissimuler
« leur crime, tout à la fois coulé le navire qu'ils ne pou-
« vaient diriger et noyé un mousse dont ils redoutaient
« les dénonciations, constitue, non une série de crimes
« distincts de la compétence de la juridiction de droit
« commun, mais le crime de piraterie, de la compétence
« de la juridiction maritime (2ᵉ arrêt) ou, tout au moins,
« l'un des crimes assimilés à la piraterie et déférés à la
« même juridiction par les articles 4, 8 et 17 de la loi du
« 10 avril 1825. » (C. just. marit., 90 et 91, 3ᵉ arrêt.)

« Vainement, dans ce cas, on soutiendrait que le meur-
« tre du mousse devrait, en admettant l'application de la
« qualification de piraterie aux faits de capture par
« fraude et violence et destruction du navire, être consi-

« déré, à raison de ce qu'il est postérieur, comme un
« crime commun devant entraîner, pour cause de con-
« nexité, le renvoi de l'affaire dans son entier devant la
« Cour d'assises ; un tel crime n'est, en effet, qu'un acte
« complémentaire et une circonstance aggravante du
« fait principal de piraterie. » (L. du 10 avril 1825,
art. 4, 2e arrêt.)

Ainsi que nous l'avons dit plus haut, notre intention
n'est pas de traiter les questions de procédure qui peuvent être soulevées par les affaires de piraterie, notre
seul but est de définir les circonstances ou les faits qui
constituent la piraterie et d'indiquer les divers cas prévus par la loi de 1825, ou qui, d'après l'esprit de cette
loi, rentrent dans la compétence des tribunaux maritimes. Dans cette série de points tranchés par la Cour de
cassation, ou soulevés et soumis à son jugement, à propos de l'affaire du *Fœderis-Arca*, nous n'avons à examiner que ceux qui jettent un nouveau jour sur l'interprétation du texte de la loi de 1825, en établissant les faits
ou la série de faits qui constituent le crime de piraterie.

Le but de cette loi a été, non pas de protéger les pro-
priétaires des navires ou les armateurs et, en général,
les personnes intéressées à la conservation des bâtiments
ou des cargaisons, mais bien d'assurer la sûreté de la
navigation et du commerce maritime ; c'est une loi d'intérêt général. Les titres I et III, les seuls qui nous oc-
cupent, ne visent que des crimes contre la sûreté de la
navigation, commis par des malfaiteurs, qui seraient
poursuivis devant les Cours d'assises, si la piraterie était de la compétence des tribunaux ordinaires.
Ce n'est donc pas l'attentat contre telle ou telle propriété
que combat cette loi, mais l'attentat contre la propriété
maritime. Il en résulte que dans le cas d'un homicide

commis à bord, la connaissance de ce crime ne pourrait être dévolue aux tribunaux ordinaires que dans le cas où il n'aurait été commis que dans le but d'une vengeance particulière, sans qu'il ait compromis la sûreté de la navigation, sans qu'il puisse être considéré comme la *conséquence* d'un fait de piraterie, et sans que l'équipage se soit emparé du bâtiment.

Des arrêts rendus par la Cour de cassation dans l'affaire du *Fœderis-Arca*, il faut conclure que, pour constituer le fait de piraterie prévu par l'article 4 de la loi de 1825, et, par conséquent, pour que les accusés soient traduits devant un tribunal maritime, il faut qu'il y ait eu fraude ou violence envers le capitaine et que les coupables se soient emparés du bâtiment. Les mots *fraude* ou *violences* disent assez qu'il est nécessaire que le fait ait été commis *méchamment*. Quant à l'intention du coupable elle ne saurait entrer en cause pour déterminer la compétence, du moment qu'il y a eu fraude ou violences envers le capitaine et que l'accusé s'est emparé du bâtiment. Son intention devra cependant être recherchée, mais elle n'aura pour effet que [d'entraîner une plus ou moins grande sévérité de la part des juges marins.

Le tribunal de révision de Brest a donc eu tort de repousser la compétence du tribunal maritime en considérant que le fait, par l'équipage, d'avoir coulé le navire quelques jours après que l'assassinat du capitaine et du second l'en avait rendu maître, détruisait, à lui seul, toute intention d'exercer la piraterie. Sans examiner si le tribunal de révision avait le droit d'annuler la déclaration de culpabilité, sous prétexte qu'en fait elle était mal appréciée, ce tribunal devait reconnaître que les accusés avaient exercé des violences envers le capitaine et s'étaient emparés du navire, et que, quelle qu'ait été leur intention, leur crime était parfaitement défini par l'article 4 de la loi du 10 avril 1825.

Dans sa lettre au procureur général près la Cour de cassation, M. le Garde des sceaux s'exprimait ainsi : « Le tribunal de révision a proclamé l'incompétence de la juridiction maritime, parce que les faits reconnus constants ne constituaient pas *l'exercice de la piraterie.* Cette opinion limite arbitrairement l'application de tous les articles de la loi du 10 avril 1825, au cas spécial de l'exercice du métier de pirate, au cas de course exercée par des *écumeurs de mer* pour capturer des bâtiments étrangers à celui sur lequel ils sont montés. C'est méconnaître toutes les prévisions de la loi de 1825 et notamment de l'article 4. »

D'un autre côté, MM. Dalloz soutiennent la même théorie, en ces termes : « Au surplus, la loi de 1825 ne définit que le mal commis sans spécifier la nature du but dans lequel il peut l'avoir été. Il en est ainsi d'un grand nombre de dispositions pénales, et la jurisprudence tend à se former en ce sens que, lorsque le fait prévu par un texte précis a été commis *méchamment,* il n'y a pas à distinguer entre telle ou telle intention criminelle pour restreindre l'application de la peine au cas seulement où l'intention concorderait exactement avec la nature particulière du mal accompli ; ainsi un mari a soustrait frauduleusement dans un bureau de poste une lettre écrite par sa femme ; peu importe qu'il ait agi dans une intention de nuire autre qu'une intention cupide, son action n'en devra pas moins être qualifiée *vol.* Ajoutons qu'il est fort à souhaiter que la jurisprudence persiste dans cette voie, car si la compétence devait dépendre non-seulement de la nature du fait, mais aussi d'une nature concordante de l'intention criminelle, il en résulterait, l'intention ne pouvant être exactement appréciée qu'au moyen des révélations des débats, que, dans les cas les plus graves, les accusés seraient exposés, au moment où tout serait prêt pour le jugement définitif, à être renvoyés inopinément et d'office devant une autre juridiction, qui, à son tour, pourrait alléguer, pour se dessaisir, une incertitude semblable sur les véritables caractères de l'intention qui a fait agir le coupable. »

Des arrêts rendus par la Cour de cassation, dans l'affaire du *Fœderis-Arca*, il faut conclure en outre qu'en matière de piraterie, on ne doit pas considérer les faits isolément, mais les réunir et examiner si, de l'ensemble de ces faits, il résulte un crime de piraterie.

« Attendu qu'en présence des faits constatés, il n'est
« pas possible d'isoler l'un de l'autre les divers actes re-
« prochés aux prévenus, et de considérer chacun d'eux
« comme constituant un crime distinct ressortissant à la
« juridiction ordinaire de Cours d'assises ; — qu'on ne
« doit y voir, au contraire, qu'un tout indivisible, com-
« posé d'une série d'actes, soit préparatoires, soit com-
« plémentaires de la piraterie, et concourant par leur
« ensemble à constituer ce crime spécial dont la con-
« naissance appartient à la juridiction spéciale des tribu-
« naux maritimes.

« Attendu que les mêmes considérations s'appliquent
« à l'homicide du mousse Dupré, commis après la des-
« truction du navire ; — qu'en effet, l'arrêt attaqué cons-
« tate que la mort de Dupré a été résolue par les de-
« mandeurs, à bord du *Fœderis-Arca*, aussitôt après le
« meurtre du capitaine et du lieutenant, et que cet ho-
« micide n'a eu lieu que pour faire disparaître un té-
« moin dont les révélations pouvaient amener la décou-
« verte du crime de piraterie..

« Attendu que, dans cet état des faits, le meurtre de
« Dupré ne saurait être réputé crime connexe, de nature
« à entraîner avec lui le crime de piraterie devant la
« Cour d'assises, et ne doit être considéré que comme
« circonstance aggravante de ce crime spécial, avec le-
« quel il se confond, aux termes de l'article 8 de la loi
« susvisée, qui punit d'une peine plus grave l'acte de
« piraterie, quand cet acte a été suivi d'un homi-
« cide... etc. »

La règle ainsi fixée par la Cour suprême, pour le cas
spécial du *Fœderis-Arca*, doit être considérée comme une
règle générale, et bien que le paragraphe 2 de l'article 8
de la loi de 1825 n'ait prévu que les homicides ou blessures précédant ou accompagnant les faits de piraterie,
la même théorie doit être admise à l'égard de tous les
crimes ou délits commis dans ces mêmes circonstances et
se rattachant au crime principal. Les crimes de piraterie
résulteront, dans la plupart des cas, d'une série de faits ;
il serait facile aux malfaiteurs, s'il était permis d'isoler
ces faits, de se soustraire à la juridiction maritime : il
leur suffirait de commettre, alors qu'ils se trouveraient
déjà dans le cas d'être poursuivis comme pirates, des
crimes ou délits qui, n'étant pas indispensables à la consommation du fait de piraterie, les rendraient justiciables des tribunaux ordinaires.

Affaire Caron. Mais il est bien entendu que tout ce que
nous venons de dire ne s'applique qu'au cas où les crimes ou délits qui ont suivi le fait caractéristique de piraterie, se rattachent au crime principal ; s'il en était autrement, si le crime antérieur ou postérieur au fait de
piraterie n'en était pas la conséquence, et devait être
jugé par un tribunal ordinaire, le tribunal maritime ne
pouvant étendre sa compétence, le tribunal ordinaire

connaîtrait du tout. (Conformément MM. Beaussant, Legraverend, Arm. Dalloz.) C'est ce qui résulte de l'arrêt rendu par la Cour de cassation dans l'affaire Caron, en 1822 (Sirey, 22, 1, 291 et 321). Cette théorie est d'ailleurs conforme aux dispositions de l'article 226 du Code d'instruction criminelle et aux articles 5 et 6 de la loi du 30 septembre 1791 sur les tribunaux militaires.

Affaire Vincent. De même, il a été jugé que la connexité de deux préventions ne peut étendre la juridiction toute spéciale d'un tribunal maritime. Le capitaine et l'équipage du navire *la Coquette*, appelé aussi *la Vénus*, prévenus du crime de piraterie et du délit de traite des noirs, ont été renvoyés par le tribunal de première instance de Saint-Louis du Sénégal devant le tribunal maritime de Brest, par le motif que le délit spécial et le délit ordinaire étaient connexes. Le tribunal maritime a acquitté les prévenus sur le fait de piraterie et les a renvoyés devant le procureur du roi, à Brest, sous l'accusation de s'être livrés au trafic illicite de la traite des noirs. Les deux ordonnances de Saint-Louis et de Brest, passées en force de chose jugée, constituaient un conflit négatif que la Cour de cassation a tranché, statuant en règlement de juges. Cette Cour a reconnu que la connexité des deux préventions ne pouvait autoriser le tribunal maritime à connaître tout à la fois du crime de piraterie et du délit de traite des noirs, elle a cassé l'ordonnance du tribunal de Saint-Louis sur le chef seulement par lequel les individus y dénommés avaient été renvoyés devant le tribunal maritime, comme prévenus de traite des noirs et a renvoyé les accusés devant le tribunal de première instance de Brest, pour être procédé à l'instruction sur le crime et délit prévu par la loi du 25 avril 1827.

Cet arrêt condamne l'opinion soutenue par M. Le Sellyer qui estime que, dans le cas où le tribunal d'exception, par sa nature et sa composition, présenterait plus de garanties aux accusés ou prévenus, le délit ordinaire pourrait être poursuivi devant cette dernière juridiction, en même temps que le délit spécial.

A notre avis, alors que la juridiction de droit commun connaît toujours des crimes et délits connexes, du moment où l'un d'eux est de sa compétence (conformément à la loi du 20 décembre 1815, art. 16 et 18), la juridiction spéciale ne peut étendre sa compétence, et, dans un cas analogue, elle ne statuera que sur le crime ou délit maritime. Mais si le même individu est poursuivi pour deux crimes non connexes, la juridiction maritime ne statuera qu'au cas où le fait dont il est accusé devant cette juridiction, emporte une peine plus grave que celle à laquelle il pourrait être condamné devant les tribunaux ordinaires.

Affaire Morand. Par application du même principe, la Cour de cassation a décidé qu'un tribunal maritime est incompétent pour juger un individu prévenu du crime de piraterie et de traite des noirs, lorsque cet individu, Français, n'a pas assisté au fait de la consommation du crime de piraterie ; que ce tribunal est encore incompétent, lorsque parmi les complices, il s'en trouve un qui est Français, et qui, par conséquent, est justiciable des tribunaux ordinaires, et que, dans ce cas, tous les prévenus, auteurs principaux et complices, doivent être traduits devant les tribunaux ordinaires.

Affaire le H.-L. Enfin, une affaire qui a une grande analogie avec celle du *Fœderis-Arca*, et qui n'a pas eu moins de retentissement que cette dernière, est destinée à éclairer les juges marins sur l'interprétation des articles 4, § 1er, et 8, § 2, de la loi de 1825.

Voici les faits tels qu'ils sont racontés par M. le Procureur général près la Cour de cassation :

« Le 15 octobre 1874, le brick *le H. L.*, de Nantes,
« était parti de Hong-Kong ; il était commandé par le ca-
« pitaine Blanchet, et son équipage se composait de neuf
« hommes, aucun d'eux n'étant Français.

« Dans la nuit du 25 au 26 octobre, le capitaine Blan-
« chet monta sur le pont pour uriner, à peine s'était-il
« approché de la batayole du navire, qui donnait beau-
« coup de bande, qu'il fut précipité à la mer par le mate-
« lot Joly, dont l'élan fut si violent qu'il y tomba lui-
« même ; ce dernier put néanmoins remonter à bord, avec
« l'aide du second Van-der-Noot, qui prit immédiatement
« le commandement du *H.-L.* et ne fit aucun effort pour
« sauver le capitaine.

« Dès qu'il fut maître du bâtiment, le second s'em-
« pressa de faire main basse sur l'argent, les bijoux et
« les effets que renfermait la cabine du capitaine, puis
« de rédiger et de faire signer un procès-verbal de dis-
« parition mensonger, destiné à cacher le crime auquel
« l'équipage tout entier s'était associé sans réserve. Après
« avoir erré à l'aventure, jeté à la mer une certaine quan-
« tité de vivres et vendu sur un point de la côte de Chine
« une partie de la cargaison ou des agrès, dont le prix
« fut partagé et dissipé, l'équipage du *H.-L.* arriva enfin
« à Macao, le 11 décembre. Arrêtés par les ordres de no-
« tre agent consulaire, les coupables furent amenés à
« Saïgon.

« L'instruction, commencée le 11 janvier 1875 devant
« la juridiction de droit commun, aboutit à une ordon-
« nance de dessaisissement. La procédure fut alors trans-
« mise à M. le C. A., gouverneur de la colonie, qui, en
« vertu des articles 129 et 138 du Code de justice mari-

« time, 2 du décret du 31 mars 1874, ordonna, le 4 fé-
« vrier, qu'il fût informé contre les susnommés par le
« rapporteur du premier tribunal maritime.

« Mais le commissaire du gouvernement près ce tribu-
« nal, ne trouvant pas dans les faits reprochés les élé-
« ments constitutifs du crime de piraterie, conclut, le
« 25 février, à l'incompétence du tribunal maritime. »

C'était à la chambre criminelle de la Cour de cassation
qu'il appartenait de statuer sur le conflit négatif qui
s'était élevé, à l'occasion de cette affaire, M. Renouard
estimait, dans sa requête, que tous ces faits, s'ils arrivaient
à être judiciairement prouvés, constituaient une série
d'actes formant un tout indivisible qui devait être qualifié :
piraterie, aux termes des articles 4, § 1er et 8, de la loi de
1825, dont le sens a été si nettement défini par les arrêts
de la Cour dans l'affaire du *Fœderis-Arca*.

M. Renouard adoptait ainsi l'opinion de M. le ministre
de la marine et de M. le gouverneur de la Cochinchine.
Partageant cet avis, la Cour de cassation a rendu, le
5 juin dernier, l'arrêt dont nous extrayons les passages
suivants :

« Attendu que les faits, tels qu'ils ressortent de l'infor-
« mation préalable à laquelle il a été procédé, constitue-
« raient, en cas de preuve, non des crimes distincts, sus-
« ceptibles d'être appréciés isolément et dans leurs rap-
« ports avec tel ou tel des inculpés en particulier, mais
« un ensemble d'éléments constituant, par leur réunion,
« le crime spécial prévu par l'article 4, § 1er de la loi du
« 10 avril 1825..

« Par ces motifs, la Cour, sans s'arrêter à l'ordon-
« nance de dessaisissement rendue, le 10 mars 1875, par
« le gouverneur résidant à Saïgon, laquelle sera consi-
« dérée comme non avenue, et réglant de juges, renvoie

« la cause et les parties devant le préfet maritime de
« Brest, lequel, dans les limites de ses attributions, sta-
« tuera tant sur la prévention que sur la compétence. »

Pour nous, qui acceptons les arrêts de la Cour de cassation, comme s'ils avaient force de loi, nous nous serions
borné, si nous avions fait partie du tribunal maritime
de Brest, à vérifier l'exactitude des faits, sur lesquels la
Cour s'est basée pour rendre son arrêt; nous nous serions gardé de rechercher l'intention des coupables, nous
n'aurions considéré que les faits, et nous aurions admis
notre compétence.

Telle n'a pas été l'opinion du tribunal de Brest, à la
majorité de 5 voix contre 2, il s'est déclaré incompétent.
Il a conclu que les faits, tels qu'ils avaient été présentés à
la Cour suprême, pouvaient constituer à la charge de Carl
Joly le crime de meurtre, à la charge de cet inculpé, de
Van-der-Noot et des autres hommes, les crimes de vol de
sommes supérieures à 10 francs, de complicité de ces vols
et de baraterie ; mais que tous ces faits, accomplis en
des temps et des lieux différents, sans qu'au moment de
la violence ait apparu l'intention de s'emparer du navire,
ne constituaient que des crimes de droit commun, à
l'égard desquels cessait la juridiction exceptionnelle du
tribunal maritime.

Le tribunal permanent de révision de Brest, annulant
ce jugement d'incompétence, a renvoyé les marins du
H.-L. devant le 2ᵉ tribunal maritime de ce port, et c'est
sur les pourvois formés contre cette décision que la Cour
de cassation a rendu, le 10 décembre 1875, un arrêt
d'une importance capitale.

Cet arrêt établit : « Qu'aux termes des articles 4, § 1ᵉʳ,
« et 8, § 2, de la loi du 10 avril 1825, il n'est pas néces-
« saire pour que le fait poursuivi réunisse les éléments

« constitutifs du crime de piraterie, que les violences
« accomplies envers le capitaine du navire aient été le
« résultat d'un concert préalablement formé entre les
« hommes de l'équipage, pour préparer la prise de pos-
« session violente du bâtiment. »

« Qu'il n'est pas non plus nécessaire que le navire,
« dont l'équipage s'est emparé par fraude ou violence,
« ait été vendu en totalité, ou perdu, ou détruit ; qu'il
« suffit que ceux qui s'en sont rendus maîtres aient pu
« en disposer selon les circonstances. »

Cet arrêt a, disons-nous, une importance capitale ; il
prouve que la révolte d'un équipage ou même d'un seul
homme d'un équipage, qui, lorsque la violence est exercée envers le capitaine, n'a pas les caractères constituant la piraterie, rentre dans les prévisions des articles 4 et 8 de la loi qui nous occupe, si, par suite des
circonstances, ces marins se sont rendus maîtres du navire.

Le rôle du 2ᵉ tribunal maritime de Brest se trouvait
donc ainsi tracé ; il avait à décider : 1° si des violences
avaient été exercées envers le capitaine ; 2° si un homme
de l'équipage, ou l'équipage tout entier s'était emparé
du bâtiment, l'intention des auteurs des violences devait
être écartée, les faits seuls étaient à examiner.

C'est dans le sens de la négative que cette affaire a été
jugée le 11 janvier dernier. Tous les accusés ont été ac-
quittés en tant que pirates. Par ce jugement, les membres
du 2ᵉ tribunal maritime ont reconnu que les faits tels qu'ils
ressortaient de l'information n'étaient pas établis. Ils ont
admis, l'homicide n'étant pas contesté, que les actes de
l'équipage du *H.-L.* postérieurs au meurtre ne constituaient pas une prise de possession du navire.

Toutefois, après avoir acquitté tous les prévenus sur

le fait de piraterie, le jugement du 11 janvier 1875 a maintenu deux d'entre eux, Joly et Van-der-Noot, en état d'arrestation, pour être poursuivis pour crime de meurtre.

Tous ceux qui ont suivi cette affaire, ont été profondément impressionnés quand la décision du 2ᵉ tribunal de Brest a été rendue publique. Il n'était venu à l'esprit de personne que les sept complices de Joly et de Van-der-Noot pussent rester impunis, alors surtout qu'il semblait prouvé qu'il y avait eu homicide sur la personne du capitaine. Ce jugement portait une atteinte bien grave aux principes admis jusqu'alors dans le monde entier, en matière de législation maritime; aussi, a-t-on cru un instant qu'il serait possible d'en annuler les résultats en le déférant au tribunal de révision.

Mais ce jugement était libellé dans des termes tels qu'il était inattaquable, et le tribunal de révision a lui-même méconnu les règles de compétence en déclarant que les faits constituaient, même après l'acquittement, le crime de piraterie. Certes, nous reconnaissons que le jugement du 2ᵉ tribunal maritime équivaut à une déclaration d'incompétence en ce qui concerne Joly et Van-der-Noot, et nous sommes porté à croire que les membres de ce tribunal se seraient franchement déclarés incompétents s'ils n'eussent pas été arrêtés par l'arrêt de la Cour suprême, mais peut-on discuter l'intention des juges? C'est ce que le tribunal de révision a admis, c'est ce qui a été rejeté par la Cour le 5 février 1876.

Tant d'hésitation et de jugements contradictoires prouvent surabondamment qu'il sera nécessaire un jour de réviser une loi si peu précise. Mais il ne faut pas perdre de vue que la législation maritime est, en quelque sorte, internationale et qu'elle ne peut, par conséquent, être modifiée qu'avec le quasi-consentement des autres nations maritimes. Laissons donc à qui de droit le soin de prendre, quand il sera temps, l'initiative d'une réforme qui sera accueillie avec tant de reconnaissance par les populations de nos ports de commerce.

Paris, 10 février 1876.

BIBLIOGRAPHIE

VALIN . . . . Commentaire sur l'ordonnance de la Marine du mois d'août 1681.

HAUTEFEUILLE . . . Législation criminelle maritime. Paris, 1839, in-8, 1 volume.

BEAUSSANT . . . . . . Code maritime. Paris, 1840, in-8, 2 volumes.

MAREC . . . . Dissertation... sur la répression de l'indiscipline dans la marine marchande. Paris, 1840, in-8, 1 volume, Imprimerie royale.

HAUTEFEUILLE . . . Législation maritime marchande, Commentaire sur le décret disciplinaire et pénal du 24 août 1852. Paris, 1852, in-8, 1 volume.

DUCHESNE . . . . . . Manuel commercial et administratif du capitaine au long cours. Paris, 1856, in-8, 1 volume.

FERAUD-GIRAUD . Jurisprudence de la Cour impériale d'Aix, concernant le droit maritime, 1857, in-8.

DERCHE . . . . Décret-loi disciplinaire et pénal pour la marine marchande. Paris, 1859, in-8, 1 volume.

Pouget........ Principes de droit maritime. Paris, 1859, in-8, 2 volumes.

Hautefeuille... Guide des juges marins. Paris, 1860, in-8, 1 volume.

A. Caumont.... Dictionnaire de droit maritime. Paris, 1867, in-8, 1 volume.

Toussaint...... Code manuel des armateurs et des capitaines de la marine marchande. Paris, 2e édition, 1872, in-8, 1 vol.

Dalloz........ Répertoire de législation, etc. Paris.

Gay-Lussac..... Aide-mémoire à l'usage des membres des tribunaux de la Marine. Paris, 1875, in-8, 1 volume.

Versailles. — Imprimerie de E. Aubert.